U0498471

商业

思想家

任正非

余胜海·著

电子工业出版社
Publishing House of Electronics Industry
北京·BEIJING

图书在版编目（CIP）数据

商业思想家任正非 / 余胜海著．—北京：电子工业出版社，2022.4
ISBN 978-7-121-42961-3

Ⅰ．①商… Ⅱ．①余… Ⅲ．①任正非－人物研究Ⅳ．① K825.38

中国版本图书馆 CIP 数据核字（2022）第 028037 号

责任编辑：杨洪军
印　　刷：天津嘉恒印务有限公司
装　　订：天津嘉恒印务有限公司
出版发行：电子工业出版社
　　　　　北京市海淀区万寿路173信箱　　邮编100036
开　　本：720×1000　1/16　　印张：17.5　字数：252千字
版　　次：2022年4月第1版
印　　次：2022年4月第1次印刷
定　　价：85.00元

凡所购买电子工业出版社图书有缺损问题，请向购买书店调换。若书店售缺，请
与本社发行部联系，联系及邮购电话：（010）88254888，88258888。
质量投诉请发邮件至zlts@phei.com.cn，盗版侵权举报请发邮件至dbqq@phei.com.cn。
本书咨询联系方式：（010）88254199，sjb@phei.com.cn。

谨以本书献给华为创立35周年；献给在美国制裁下，"宁可向前一步死，决不后退半步生"的华为人；献给中国所有的企业家和经营管理者！

没有思想力的企业，是没有灵魂的企业

姜汝祥

任正非是引领中国企业发展的思想家，华为成功的背后则是任正非穿透企业纷繁复杂表象的深邃思想力。

中国的企业家有很多，但在企业家中能够称为思想家的人不多。衡量企业家的方法论，叫"以果为因"，只要企业做大了，这个老板似乎就可以称为企业家了。

所以你会发现，这些年冒出太多的企业家了，可时间一长，时代一变，不少著名或者不著名的所谓企业家，不过是"一地鸡毛"。

而衡量商业思想家的方法论正好相反。商业思想家的标准，是在企业没有成功的时候，就能够对大的时代背景、行业趋势、企业选择，提出自己独到的看法。这些看法远远超越了企业范围，揭示了这个时代企业的发展本质，对中国企业乃至世界企业都富有启发意义。

任正非就是这样一位商业思想家。说句实在话，从社会学的角度看，我觉得比起他的思想，华为真不算什么，哪怕今天的华为是一家世界级公司，哪怕华为有多么了不起，但它就像任正非先生自己说的那样："作为公司，华为的破产或消亡是必然的事。"

但有一个东西永远不会消亡，甚至随着时间的流逝，价值反而越来越高，那就是任正非所代表的一批企业家所创造出的商业思想。

是的，任正非代表了这40多年中国企业家群体的一个顶峰。我们这个民族之所以能够如长江之水奔流不息，是因为有无数卓越的思想家，如孔子之于春秋，如阳明先生之于明朝，他们都创造了既属于时代，又超越时代的伟大思想。

是的，一个民族最伟大的财富是思想的财富，任正非的商业思想是我们这个时代的财富。我呼吁中国的企业家群体，集体关注任正非。中国企业正面临着新时代的新挑战。面对挑战，中国企业家群体迫切需要的不是资本，不是技术，不是资源，而是思想！

思想的力量，看不见，摸不着，但人的行为是受思想支配的。当中国企业走过"模仿与跟随年代"，走过"市场红利与人口红利时代"，进入创新与引领的新时代，请问，作为这个国家主体的企业家群体，靠什么迎接这个巨大的挑战？

在我看来，目前很多企业面临的困境，恰恰说明了企业家群体在思想上的困惑，越强调技术与资源，越强调模式与资本，越容易陷入短期繁荣的陷阱。

　　我相信，每个时代都在创造着属于自己的企业家，任正非是我们文化自信时代的一个开始。所以，以关注任正非经营企业的商业思想为起点，中国企业家群体从此进入"思想（战略）时代"。

　　因此，我很高兴向我所服务的企业家客户，向关心中国企业未来的同人，推荐华为研究专家余胜海老师的这本书。该书不仅为我们全面深刻地了解华为、读懂任正非，提供了独特的视角，而且能够让我们领悟到，未来经营企业，光强调勤奋，以加班加点对冲战略思考是不行的。没有思想力的企业是没有灵魂的企业，而没有灵魂的企业是难以胜出的企业。

人因思想而伟大

余胜海

拿破仑说过："世界上有两种东西最有力量，一是宝剑，二是思想，而思想比宝剑更有力量。"这表明了人的思想力量是巨大的。

华为公司创始人、总裁任正非不仅是一位伟大的企业家，而且是一位杰出的商业思想家。任正非历经30多年的管理实践，不仅成就了华为，也形成了自己独特的管理思想和经营哲学，指引和激励着华为人朝着一个共同目标不懈努力奋斗，大家"力出一孔，利出一孔"，把华为推上世界科技的巅峰。

任正非的商业思想，很多是根植于中国传统文化的。他善于从《孙子兵法》中汲取养分，但又不盲从。他不仅熟悉各种管理方法和管理手段之"术"，而且在"道"的方面有着通透的领悟，以"道"来统领"术"，达到"道术合一"、无为而治的境界。

任正非兼收了古今中外企业的管理精髓，并成功地嫁接到现代高科技企业的管理实践中。更为重要的是，他娴熟地运用东方管理智慧，成功规避了古典企业家的"福特陷阱"。从陡峭型到高位均衡，他的激励变革之道融合了儒道法墨的管理精髓，为华为管理聚焦主航道、精准发力注入持久的能量。

在中国商界中，任正非始终以硬汉形象著称，即使华为遭到美国极限打压，他"割舍"亲情，依旧没有妥协屈服，而是以向死而生的勇气，迎难而上，成立了煤矿、智慧公路、海关和港口、智能光伏和能源五大军团，"鸿蒙"（HarmonyOS）和"欧拉"（EulerOS）操作系统横空出世，驶入万亿级新赛道，迸发出强大的生命力，从而赢得了竞争对手尊重，也为中国在国际上赢得了声誉，撑起了中国科技的脊梁。

商场即战场，而任正非的商道是非零和游戏，它可以实现双赢与多赢，与竞争对手和平共处，携手合作伙伴共同成长以及构建全联接世界，这充分体现出了任正非的胸襟、格局与气度。

华为始终坚持"以客户为中心"，在它规模小的时候对客户保持敬畏，但当其体量已经超越竞争对手时，华为依然对自己的客户保持敬畏。30多年来，华为坚持向世界优秀企业学习，可谓融会贯通了中西方文化的精粹。

笔者研究和近距离观察华为23年，认为华为的成功秘诀很简单，就是遵循最基本的商业常识，任正非的伟大就是遵循商业常识的伟大。而华为对中国企业的最大启示在于，经营企业，只要遵循商业常识就够了。

任正非不是那种崇尚计谋、蔑视规则的人。他讲诚信，讲商业规则与商业道德，遵从法律，"小胜靠智，大胜靠德"，先做人后做事，这些都是他的商道真经。

任正非在经营企业的过程中始终怀有"利他"之心，以为客户创造价值、为员工创造机会为原则，通过成就他人，最终成就自己。任正非告诉我们：生意之道，不是用利己的方式达到利己的目的，而是用利他的方式达到利己的目的。

任正非志存高远，思想开阔，能够把枯燥的管理思想和经营哲学通过更容易让人理解的方式表达出来，直击管理本质，真正做到大道至简。

30多年来，任正非思维的兴奋点从没有离开过华为。一个白手起家的退伍军人，一个从来都不甘居人后的理想家，一个贫困潦倒、走投无路、44岁才开始创业的男人，一种自发或者自觉的使命感，使他付出了全部的身心。

任正非对企业的宏观战略有着清晰的认识，对市场有着敏锐的洞察力，在做决策时极具预见性，在企业繁花似锦时总能未雨绸缪，带领企业度过"寒冬"和危机。

任正非虽然现年77岁了，但他的思想依旧闪烁着永不过时的光芒。他在华为内部讲话或者接受媒体采访时，常常冒出一些天马行空、让人脑洞大开的观点。

任正非的很多思想，与他的人生经历有着直接的关系。他从人生的低谷走到世人仰望的高度，历经无数冷暖，也更明了人性。他始终处于静观自省的状态，能够冷静客观地观察企业、市场、大环境的发展，未雨绸缪，及时发声，既有对"冬天"的忧患，也有对内部英雄主义的旷野呼喊。这些思想不仅对华为，对整个企业界都有很大的影响力。

任正非并没有"高大上"的管理思想，但这恰恰是他独特的，也是最厉害的地方。他不囿于一隅，不断变革，与时俱进，讲求实效。如果在运营过程中一旦出现偏差，任正非就会及时自我批评，予以纠正；管理层的人们一旦飘飘然，任正非就会及时浇冷水，让他们冷静、清醒。

国内很多企业发展到一定程度，就会出现各种各样的问题，因为它们在按固定的理论指导行事。一旦出现新的问题，而固定的理论又无法解决，企业就陷入一筹莫展的困境，甚至偏离航道。华为没有条条框框的束缚，作战更加灵活，随机应变，在运筹帷幄中，决胜千里之外。

任正非在管理上信奉"灰度"。"灰度"是任正非的世界观、思维方式和方法论，也是他认知与洞察管理世界的坐标，并用"灰度"管理哲学指引华为的经营管理实践，从优秀到卓越，再到基业长青。可以说，任正非的高明和思想境界都藏在"灰度"里。

任正非还把"熵"的概念引入企业管理中，试图从人力资源管理的角度，探索如何激发生命的活力，解决人的惰性和"熵增"问题，打破系统的平衡和稳定，从而延缓死亡，保持组织的活力。

文化是企业的灵魂。华为秉持开放、合作、共赢的企业文化，以开放的意识向全人类学习，破除狭隘的民族文化、民族自尊心与自豪感，这是华为文化真正有力量的地方。

正因为华为文化是一个开放的文化，所以它不断吸收优秀的文化，不断修正自己，不断自我批判，不断进步，以世界优秀企业为师，学习和吸收世界一切先进的东西，"用一杯咖啡吸收宇宙能量"。

思想有多远，企业才能走多远。相比华为在物质上创造的巨大财富，任正非的商业思想对中国企业的影响和启迪更加弥足珍贵。

目 录

第1章

发展战略：有所为，有所不为

第2章

人才管理：把合适的人放在合适的岗位

第3章

干部培养与选拔：将军是打出来的

第4章

激活组织：打造骁勇善战的华为铁军

第5章

领导力和使命：激发个体和团队创造力

第6章
企业文化：华为生生不息的原动力

第7章
管理哲学：华为成功的神秘力量

第8章
向死而生：没有退路就是胜利之路

第1章

发展战略：有所为，有所不为

我们不能在非战略机会点上消耗公司的战略竞争力量，只有持续聚焦主航道，有所为，有所不为，才能不断地提升公司的核心竞争力。

——任正非

农村包围城市

"农村包围城市"这里是指中国企业在"走出去"过程中，有明确的国际市场目标，通过采取迂回战术，先选择比较容易进入的发展中国家和地区的市场，建立和开发自己的技术体系，形成拳头产品与品牌优势，不断扩大市场规模，为日后进入发达国家市场做准备。

华为是"农村包围城市"的典型代表，无论是其国内市场的拓展，还是其国际化的路径，都采取了"农村包围城市"的策略。

任正非说："'农村包围城市'，是中国共产党最后夺取全国胜利的革命道路，是以毛泽东为代表的中国共产党人在领导中国革命实践中逐步摸索出来的一条具有中国特色的发展道路。"华为在拓展国内和海外市场的早期，直接与跨国公司正面交锋，深感力不从心。于是，华为通过采取"农村包围城市"的战略，抢占了国内和海外市场的一席之地。

"当我们计划踏上国际化征程时，所有肥沃的土地都被西方的公司占领了。只有那些荒凉的、贫瘠的和未被开发的地方才是我们扩张的机会。"正如任正非所言，20世纪90年代中后期，当华为踏上国际化征程时，发达国家的市场早已被欧美高科技企业所占领，海外市场中只有中东、非洲、东南亚等区域还未引起国际电信设备制造巨头的重视，这就为当时还难以与国际巨头抗衡的华为留下了发展空间。

任正非采取"先易后难"的策略。于是，中国香港成为华为国际化征程的第一站。1996年，华为与长江实业旗下的和记电信合作，提供以窄带交换机为核心产品的"商业网"产品，华为的C&C08机打入香港市话网，开通了许多内地未开通的业务，这意味着华为大型交换机进军国际电信市场迈出了第一步。

俄罗斯是华为的第二站。1997年，华为开始打入海外市场，华为在俄罗斯建立了首家合资公司。起初，由于爱立信、西门子等国际巨头已抢先布局，华为迟迟无法打开局面。之后，由于俄罗斯经济陷入低谷，西门子、阿尔卡特、NEC等公司纷纷从俄罗斯撤资，俄罗斯对电信市场的投资也几乎停滞，但华为没有放弃俄罗斯市场。它不断寻找和等待机会，直到几年后收到第一笔"38美元"的订单。此后，华为一发不可收拾。2000年，华为斩获乌拉尔电信交换机和莫斯科MTS移动网络两大项目，拉开了俄罗斯市场规模销售的步伐。2002年年底，华为又取得了3797千米超长距离的从莫斯科到新西伯利亚的国家光传输干线的订单。

在俄罗斯市场发力的同时，华为继续进入巴西、埃塞俄比亚等发展中国家拓展业务。1997年在巴西成立了合资公司，1999年在印度班加罗尔设立了研究中心。与此同时，华为还在非洲、拉丁美洲地区等设立了多个代表处，避开了与国际巨头的正面交锋，在网络建设较为落后的发展中国家积累实力，并通过参加各种博览会和行业协会，提高品牌的知名度。经过多年的努力，华为逐渐在这些国家的通信市场站稳了脚跟。

2001年起，华为频频在发达国家市场发力，逐步向发达国家的主流市场进军，实现了国际各大主流市场的全线突破，华为的跨国经营在全球范围内全线铺开。

经过长达10年在发展中国家市场的磨砺和考验，华为的产品、技术、团队、服务等已日趋成熟，华为完全具备了与世界上最发达国家竞争的强大实力，"农村包围城市"的战略取得了全面胜利。到了2017年，华为全球销售收入6036亿元，约一半的收入来自海外市场，其业务遍及全球170

多个国家和地区，服务全世界1/3以上的人口。

任正非用其独特的战略发展眼光，带领华为走了一条不寻常、不平坦，但能够"活下去"的便捷之路，让华为在短短几年内从八方受敌的困境中杀出重围，一路疾行，在如今全球通信市场中笑傲群雄。华为这种"农村包围城市"的战略避免了过早与发达国家国际巨头的正面较量，为企业发展争取了更多时间和经验。

合作共赢

2020年，任正非在接受法国媒体采访时，记者问了任正非一个问题："您最喜欢的谚语是什么？"

任正非回答了四个字："合作共赢。"

做大事的人从来都是这种思维方式，对抗是没有建设性意义的，矛盾、对抗、消耗、双输的情况其实是一种思维不成熟的体现。人生的丰盛，事业的繁茂，都可以从这四个字上找到方法和答案。

"我认为任何强者都是在均衡中产生的。我们可以强大到不能再强大，但是连一个朋友都没有，我们能维持下去吗？显然不能。"只想自己当英雄的人是交不到朋友的，这个世界是个大舞台，不可能让一个人当主角。

合作共赢，是一种生存和发展的智慧，也是任正非"灰度"思想的体现。在对待竞争对手的态度上，华为率先使用"友商"——虽然我们会有激烈的竞争，但在为客户创造价值这件事上，大家又是真正的朋友。

思科的领导人钱伯斯曾一心要打死华为，2003年就精心准备打算在美国告倒华为，两家公司纠缠了很久，后来任正非却说自己跟钱伯斯是朋友。商业的归商业，法律的归法律，大家按游戏规则办事。

不做被红布诱导的公牛是任正非的态度。近年来，因为受到美国的制裁，华为的处境客观上帮助了诺基亚、爱立信等5G市场的扩大。任正非对此表示："幸亏世界上还有诺基亚、爱立信能担负起人类5G时代的重任，我们是高兴的。排斥我们的国家也不会没有5G的使用，所以就像我赞赏苹果一样，我也赞赏诺基亚、爱立信。"

华为和诺基亚、爱立信是竞争对手，但也是携手共进的友商。爱立信总裁说："假使爱立信这一盏灯塔熄灭了，华为将看不到未来。"任正非隔空回应："我们一定要在彼岸竖立起华为的信号塔，但我们也不能让诺基亚、爱立信这样值得尊敬的伟大公司垮掉，我们乐于看到多个信号塔共存，大家一起面对不确定的未来。"

当年欧盟对华为反倾销，诺基亚和爱立信都站出来为华为背书、作证——把朋友搞得多多的，从来都是最明智的策略。

2015年，华为与苹果达成一系列专利许可协议，覆盖GSM、UMTS、LTE 等无线通信技术。其中，华为向苹果许可专利769件，苹果向华为许可专利98件，也就是说，华为已经开始向苹果收取专利许可使用费。

2016年1月14日，华为与爱立信宣布达成续签全球专利交叉许可协议。该协议覆盖了两家公司包括GSM、UMTS及LTE蜂窝标准在内的无线通信标准相关基本专利。根据协议，双方都许可对方在全球范围内使用自身持有的标准专利技术。作为续签协议的一部分，华为自2016年起将基于实际销售向爱立信支付许可费。

2018年，华为手机的销售额排在了全球第三位，仅在苹果、三星之后。所以华为有了更大的野心，想超过苹果和三星，成为全球销量第一的手机制造商，于是华为内部员工喊出了"灭掉苹果、干掉三星"的口号。但是在一次内部会议中，任正非警告华为员工："以后不许说'灭掉苹果、干掉三星'，谁说就罚谁。"

网络的价值在于开放和互联互通，未来将是一个开放合作的全联接世界。数字经济时代的创新不可能单打独斗，企业必须与产业链、产业生态圈共同发展与繁荣。

近几年，华为把构建生态系统作为发展的重要基石，致力于为全联接的信息社会打造良性生态系统，携手合作伙伴共同成长。

任正非在谈及生态战略时强调："开放、合作、共赢乃产业大势，IT行业分工越来越细，产业链上的企业只有各自发挥优势，才能小河有水大河满。大家只有往同一个方向走，合作共赢，才能将蛋糕做大。"这体现了任正非的合作态度。

任正非说："回顾我们这些年走过的道路，我认为，因为我们本着一种真诚、互利的合作态度，所以我们的合作伙伴越来越多，我们的销售额也越来越大。"华为的发展壮大，可以说与任正非合作共赢、利益均沾的处世智慧有很大关系。

持续创新，厚积薄发

任正非是一个坚守理想的企业家。创建华为30多年来，他不忘初心，甘于寂寞，始终坚持只做一件事——专注ICT（Information and Communications Technology，信息与通信技术）领域。

任正非对华为员工说："创新是一项寂寞的事业，容不得非黑即白、否定一切、唯我代表潮流的'红卫兵思维'和敲锣打鼓、大干快上的'大跃进思维'。如果所谓的'互联网思维'要以一场运动的方式呈现才叫作创新，我宁可选择做'保守'的孤独主义者。硅谷是全球的创新心脏，半个世纪以来，什么时候硅谷的创新者们成天满世界地为自己造势，为所谓的创新革命大张旗鼓地造神？真正的创新英雄大多是寂寞人。"

在华为的成长过程中，正逢中国房地产市场爆发，很多做实业的企业家都去做房地产生意，一夜暴富。面对巨大的诱惑，任正非从来没有动摇过，不仅不做房地产生意，就连股票也没炒过。任正非始终不忘初心，坚守"上甘岭"，坚守实业，也坚守自己的理想。

1992年正是深圳股市疯涨的时候，汹涌的人流带着想暴富的梦想涌入深圳证交所，彻夜地排长龙买股票。而深圳最早的证交所就设在华为办公楼的一楼，华为员工虽然每天目睹楼下发生的种种财富神化和骚动，但没有一个人受到影响和诱惑，所有人都在楼上埋头工作，对窗外发生的事充耳不闻。别人把钱用来炒股票，任正非却把钱投入研发。当时有人想不明白，说任正非是"任大傻"。这种风暴中的宁静，这种对自有核心技术研发的痴迷和追求，让拜访华为的客户由衷地发出感慨：华为不成功是不可能的。

任正非回忆说："那时，我们公司楼下的证交所被买股票的人里三层外三层地包围着。我们公司楼上则平静得像水一样，大家都在专心致志地干活儿。我们就是专注做一件事情，攻击'城墙口'。"这种专注与坚守已经成为华为人的一种执念。

很多公司都在寻找成功的捷径，但任正非认为："成功没有捷径，华为的成功可用一个'傻'字概括。我们很傻，30多年坚持只做一件事——坚守实业，专注ICT领域。华为从1997年开始向IBM学习IPD（Integrated Product Development，集成产品开发）管理体系，向西方公司支付了40亿元的学费。别的公司都把钱用来搞房地产、搞资本运作，而华为不为所动，坚持不上市，坚持将每年10%以上的销售收入用于研发，投入了极大的力量进行创新。没有技术创新与管理体系的'傻'投入，就不会有华为的今天。"

由此可见，任正非的"傻"是一种超越一般"聪明"的智慧的"傻"，是一份难得的坚守、执着和付出。任正非不是"真傻"，而是具有一种战略眼光，是基于客户价值的最高生存智慧。

任正非30多年如一日，通过"守望"心中纯洁的理想，始终坚持认认真真、踏踏实实、真心诚意地为客户服务。他认为："泡沫经济对中国是一种摧毁，我们一定要踏踏实实做学术研究。一个基础理论变成大产业，要经历几十年的工夫，因此我们要有战略耐性，要尊重科学家，要有一些人踏踏实实做研究。如果学术研究泡沫化，中国未来的高科技很难有前途。不要泡沫化，不要着急，不要'大跃进'。没有理论的创新是不可能持久，也不可能成功的。"

不忘初心，方得始终。回顾华为30多年的发展历程，任正非的确有点傻。他就像阿甘，带领一群傻傻的人埋头苦干、傻傻地坚守、傻傻地投入、傻傻地付出，最后"傻"出世界第一！

博观而约取，厚积而薄发。古今中外，登峰造极、开宗立派者无不付出了常人难以想象的努力和坚持，任何灵光一现的创新都是成年累月的血汗凝结而成的。

华为能够取得今天的辉煌成就，得益于任正非和华为人始终坚守自己的理想，甘于孤独寂寞，保持持续创新的状态和对内外躁动的警惕。"忍者神龟"的寓意也许正体现了专注的精神、创新的精神、奋发进取的精神乃至真正的企业家精神的本质。

有所为，有所不为

中国的传统文化一直讲究有所为有所不为，儒家也讲"不为"是为了"有为"。任正非在华为一直强调聚焦战略，坚持有所为、有所不为。

2019年11月4日，任正非在华为企业业务和云业务汇报会上针对企业业务和云业务提出了一些新观点和新看法。

任正非指出："目前华为的云业务存在一个问题，就是一个服务能力，多个责任中心，力量碎片化。华为的云业务要有所为、有所不为，聚焦客户成功，不要内战内行、外战外行。我们要全力以赴抓应用生态建设，像亚马逊一样建立大生态。没有应用生态建设，华为的云业务就可能死掉。"

华为的云业务为什么要坚持有所为、有所不为呢？

任正非认为："唯有提供最好的服务，客户才会优先选择华为云；内部组织的统一，是靠打胜仗来牵引的，并在打胜仗中不断组合队列。华为云业务的组织优化，不可能简单重复像阿里、亚马逊……一样的道路，我们如何发展，要找出一条属于自己的发展之路，而不是简单地模仿。"

在任正非看来，阿里云、腾讯云、AWS推出了越来越多软硬件融合的设备，华为的优势虽然在硬件，但要加强软件和应用生态的建设，同时不应放弃硬件给华为云带来的优势；要保持底层架构的稳定性与高效率，发挥连接+计算的综合优势，持续迭代优化I（IaaS）层架构，并牵引计算、存储、网络等层面向云场景的进一步创新。将来所有应用都会长在"云土地"上，但需要一步一步进行。华为云最终还是为客户提供服务的，产品和服务是基础，"以客户为中心"依然是问题的本质。

针对华为企业业务的未来发展，任正非谈了自己的观点："华为仍在求生存阶段，企业业务要聚焦战略重点，继续做减法，坚持有所为、有所不为。一是要收缩作战线，不要再扩大作战面；二是认认真真弄清楚作战模型。要能讲清楚作战的战略方针，搞清楚靠什么'船'和'桥'过河，不能'口号治企'。"

华为创立30多年来，面对很多诱人的庞大市场机遇，任正非表示："华为会有自己的选择，清楚自己做什么合适，做什么不合适，尤其在当下这个求生存的阶段。当然，我们也清楚未来我们应该做什么，不应该做什么。"

例如，华为被屡屡传出要造车，对此华为予以否认。早在2018年，华为常务董事会决议《关于应对宏观风险的相关策略的决议》就明确："华为不造车，但我们聚焦ICT技术，帮助车企造好车。"

2020年11月26日，任正非签发《华为EMT关于智能汽车部件业务管理的决议》。该决议提到，尽管外部环境在不断变化，但我们要清楚，打造ICT技术基础设施才是华为肩负的历史使命，越在艰苦时期，越不能动摇。

华为轮值董事长徐直军在"全联接2021大会"中坦言："华为为什么要造车？有几个造车的公司挣了很多钱？不造车说不定会挣更多的钱。越是人人都造车的时候，我们越要冷静。"

当然，在需要重兵快速发力的领域，华为的执行力的确惊人。例如，华为云和人工智能领域，都实现了"后发先至"。仅仅用4年时间，华为云就聚合了超过230万个开发者、1.4万多个咨询伙伴、6000多个技术伙伴和超过4500个云商品。在全球，华为云覆盖了27个区域，为170多个国家和地区的客户提供服务。

根据Gartner 2020年的数据，华为云是IaaS市场增速最快的云业务，已经成长为中国第二、全球第五的云业务提供商。

在2018年，华为就发布了全栈全场景人工智能解决方案，虽然只有4年多的时间，但取得的进展是超出预期的。接下来，华为将与深圳、武汉、西安、成都、北京、上海等全国21个城市联合打造"人工智能算力网络"。

任正非指出："当前人工智能的发展，无论对大学、研究机构，还是企业，最缺的就是算力。人工智能算力网络的建设是一个基础设施的建设。我们的目标是为中国所有的人工智能研究者、人工智能应用开发者和人工智能创新创业者，提供研究、应用开发和创新创业的人工智能基础设施服务。"

目前，中国正处在一个创新转型期，华为也面临着同样的挑战，那就是怎么从创新1.0进入创新2.0。创新1.0可以通过模仿和学习来完成，而创新2.0意味着我们要有很多原创性的创新，并需要中国有更多基础性的研究，来引领这个行业和技术的发展。

因此，任正非对于华为未来的路径看得很清楚。华为30多年的发展历程都是聚焦的，坚持有所为、有所不为，集中精力打歼灭战，不断地提升公司的核心竞争力。华为走到今天，是压强的结果，是聚焦的结果，也是专注的结果。

拒绝机会主义

任正非在华为内部多次强调，在大机会时代，技术创新要拒绝机会主义，集中所有的弹药对准一个冲锋口。他在1994年的《胜利祝酒词》中关于产品技术的一段话让人肃然起敬：

紧紧围绕电子信息领域发展，不受其他投资机会所诱惑。深圳经历了两个泡沫经济时代，一个是房地产领域，一个是股票领域。而华为在这两个领域中一点都没有卷进去，倒不是什么出淤泥而不染，而是我们始终认认真真地搞技术。房地产和股票领域起来的时候，我们也有机会，但我们认为未来的世界是知识的世界，不可能是这种泡沫的世界，所以我们不为所动。

十年前，"互联网思维"在国内很火，"风口论"盛行，"飞猪"满天飞，华为有些高管受到"互联网思维"的影响，想当"飞猪"赚快钱。而任正非却告诫华为高管们在大机会时代，千万不要做机会主义者，我们要有战略耐性。互联网虽然促进了信息的生产、交流、获取和共享，但没有改变事物的本质，即使在互联网时代，车子还是车子，内容还是内容，豆腐还是豆腐。

在任正非的眼中，互联网并未改变商业的本质，"拥抱变革，融入移动互联时代是必需的。但要想在移动互联时代持续成功，却需要具备超越互联网思维的商业能力"。

笔者对于互联网的理解就像下棋一样，有的人只看到眼前，有的人看到下一步，而有的人则看到三步甚至五步以外。显然，任正非是后者。

2005年7月，任正非在公司内部会上再次强调："通信行业是一个投资类市场，仅靠短期的机会主义行为是不可能被客户接纳的。因此，我们拒绝机会主义，坚持面向目标市场，持之以恒地开拓市场，自始至终地加强我们的营销网络、服务网络及队伍建设，经过多年的艰苦拓展、屡战屡败、屡败屡战，终于赢来了今天海外市场的全面进步。"

过去30多年来，华为抵抗住很多"赚快钱"的诱惑，只有拒绝今天的快钱，才能持续赚到钱。

最典型的例子就是2002—2006年的小灵通建设高潮。那个时候的UT斯达康多么风光，任正非却坚定地认为小灵通是过渡产品，生命周期不会太长久，华为不应该从本来还不强大的无线产品线中分兵，而是要集中精力研发3G通信技术。后来的事实证明，任正非的坚持是对的。从2007年开始，UT斯达康逐渐跌落神坛，而华为十年磨一剑的3G产品在2006年打开欧洲市场,从此一路高歌猛进,带领华为进入了一个新十年。

然而,这种坚持背后所付出的艰辛恐怕只有任正非自己最清楚。他在《一杯咖啡吸收宇宙的能量》一文中写道:"我当年精神抑郁,就是为了一个小灵通,为了一个TD,我痛苦了8年。"

领袖有时候也是痛苦的,因为没有人在他前面引路,所有的艰辛都要自己扛,扛下来要靠坚强的意志和坚定的信念。拒绝机会主义的坚定信念是来自对华为核心价值观的理解,即只有用真正有优势的产品为客户创造更多的价值才是真正地以客户为中心。

华为从不追求短期利润最大化,而保持对未来的持续投入。在华为创立之初,任正非就规定将每年10%以上的销售收入用于研发。2020年,华为顶着巨大的外部环境压力,投入研发资金1418.93亿元,占销售收入的15.9%,超过百度、阿里、腾讯、京东(简称BATJ)2020年研发资金投入的总和。在中国500强企业中,华为的研发资金投入连续20多年名列榜首。

由于持续的创新投入,华为在2020年抓住了5G大规模建设、行业数字化提速等几个关键性的机会。未来华为还需要在操作系统、HMS、芯片、人工智能和6G等关键技术上持续不断地投入。

持续创新是华为30多年生存和发展的根本,任正非坚信尊重和保护知识产权是创新的必由之路。

华为发布的《创新和知识产权白皮书2020》显示:截至2020年年底,华为在全球共持有有效授权专利突破10万件,90%以上专利为发明专利,持续地创新投入使得华为成为全球最大的专利持有企业之一。

华为于1995年申请第一件中国专利，1999年申请第一件美国专利。2008年首次在世界知识产权组织PCT专利申请中排名第一。2019年专利授权数量在欧洲排名第二，在美国排名第十。同时，华为也是累计获得中国授权专利最多的公司。

在任正非看来，机会主义是创新的天敌，同样也是企业长期健康发展的天敌。资源的高度集中、将鸡蛋都放在一个篮子里也许有很大风险，但收获的可能是"金鸡银蛋"，是企业的使命、理想和愿景。

"技术创新和大机会时代拒绝机会主义"是任正非的信条，凭着这个信条，他坚守初心，始终聚焦管道战略，坚持自己的价值观，攻克海外市场，成为全球ICT行业和5G时代的领导者。

针尖战略

针尖战略，就是把自己所有的力量凝聚到一个点上，把产品做到全球领先、行业第一。

《华为基本法》规定："我们坚持压强原则，在成功的关键因素和选定的战略点上，以超过主要竞争对手的强度配置资源，要么不做，要做就极大地集中人力、物力和财力，实现重点突破。"这就是华为的战略。

任正非曾说，火箭升空是靠空气推动的，虽然水和空气是世界上最温柔的东西，但高速运动的气体产生了巨大的推力，可以把人类推向宇宙。涓涓流水一旦在高压下从一个小孔中喷出来，就可以用来切割钢板。这就是华为坚持的主航道"针尖战略"。

2015年11月14日，任正非在内部战略务虚会上发表讲话时重点强调：

华为在争夺高端市场的同时，千万不能把低端市场丢了。我们现在是"针尖"战略，要聚焦全力往前攻。我很担心一点，"脑袋"钻进去了，"屁股"还露在外面。如果让别人占据了低端市场，有可能就培育了潜在的竞争对手，将来高端市场也会受到影响。华为就是从低端市场聚集能量，进入高端市场的。

低端产品要做到标准化、简单化、生命周期内免维修。我们不走低价格、低质量的路，那样会摧毁我们战略进攻的力量。在技术和服务模式上，我们要做到别人无法与我们竞争，就是大规模流水化。客户想要多功能产品，就买高端产品。这就是"薇甘菊理论"，而且我们现在也具备这个条件。

"针尖战略"的核心就是聚焦研发领域，迅速占领山头，集中攻克阵地。

由于早期核心网占无线网的比重比较小，华为便利用C&C08交换机的优势，先把交换机以较低的价格卖给客户，甚至送给客户，目的是占领山头。因为早期华为的无线产品没有自己的品牌，不得不依赖交换机做无线核心网，然后无线网以接入网的方式来扩大战果。一旦交换机作为无线核心网的主要设备卖给了某个客户，华为就可以围绕无线核心网，也就是交换机这个大平台，再把无线基站、光纤、铜线、双绞线、同轴电缆、无线蜂窝、无线电话等接入网产品卖出去，形成产品组合，从而获得市场整体突破，迅速满足客户差异化的接入场景需要。

"向上捅破天，向下扎到根"，对于华为来说，"针尖战略"的直接结果就是避开与西方企业的利益冲突，实现在高价值领域与对手的互补需求。当"针尖战略"逐渐突破战略无人区、冲到最前面之后，它就触及不到任何人的利益了，这就为它的和平崛起铺平了道路。

聚焦主航道

华为用了30多年的时间成为全球ICT行业的领导者，其成功的经验之一就是长期"聚焦主航道"。

"聚焦主航道"是任正非在华为提及的一个高频词。

什么叫主航道？

任正非于2012年在三亚终端战略务虚会上解释道："别人难以替代，又可以大量拷贝使用的就叫主航道。世界上每个东西都有正态分布，我们只做正态分布中间那一段，别的地方不做。即使别的地方很赚钱，我们也不做。我们就坚持在ICT这个主航道、主潮流上前行，有流量就有胜利的机会。"

我们可以用"水系"来描述华为的主航道。水流流过的地方，就是信息流流过的地方，具体来讲，就是华为的数据中心解决方案、移动宽带、固定宽带、骨干网、智能终端以及物联网通信模块，这些领域就是华为聚焦的主航道。

为什么华为要聚焦主航道？任正非进一步解释道：

聚焦主航道，是华为的一种战略选择。其实很多正确的战略选择，都没有太过玄奥的地方，都是普世价值，就看谁能真正坚守这些普世价值。

企业战略与军事战略有很多共同之处，我们来看看，如果背离了聚焦主航道的战略，会发生什么。

我们以德军在斯大林格勒战役中的失败为例子。德军在一开始占据优势的情况下，被苏联翻盘，导致南线战场整个垮掉。这场战役事后被苏联人称为整个第二次世界大战的转折点。

当然，战争的胜负都具有极其复杂的综合性因素，不能简单地概括。但我们只从"聚焦主航道"这一个角度，试着探讨一下历史能给我们什么启示。

我们不能在非战略机会点上消耗公司的战略竞争力量，对非战略性的业务做不了就做不了，我们做不到满足客户的所有需求。但中间界面要逐渐开放，让能做的公司进来做。

德军失败的经历让我们看到，战略上一定要坚持"聚焦主航道"。只有聚焦主航道，才可能成为行业内的领导者。

我们要成为领导者，一定要加强战略集中度，一定要在主航道、主战场上集中力量打歼灭战，占领高地。

由此可见，华为的主航道就是抢占战略制高点，做战略上不可替代的事情。战略的不可替代，不能仅以技术为方向，也可能包括以商业模式等作为行业领先的结构。只要可以替代、拼得你死我活的东西，就不是华为的战略方向。

后来，任正非在《用乌龟精神，追上龙飞船》一文中写道："聚焦主航道创新，不畏艰难，厚积薄发。我们只允许员工在主航道上发挥主观能动性与创造性，不能盲目创新，发散公司的投资与力量。对于非主航道的业务，我们还是要认真向成功的公司学习，坚持稳定可靠运行，保持合理有效、尽可能简单的管理体系。"

任正非强调："华为是能力有限的公司，只能重点选择对华为有价值的客户作为战略伙伴，重点满足客户一部分有价值的需求。业软交不出利润的原因就是为了满足客户太多的需求，什么都做，最后做不出有竞争力的主力产品。所以我们的经营模式要转变，战略伙伴的选择有系统性，也有区域性，不可能所有客户都是战略伙伴。"

资源永远有限，所以做企业一定要聚焦资源，资源锤一定要砸钉。如果资源太分散就等于锤打锤，是没有威力的。太阳光可以照亮地球，但穿不透一张纸；一束激光的力量虽小，但可以击穿钢板。华为战略的指导思想就是聚焦主航道，有所为、有所不为，只做自己最擅长的事，只进入最高附加值的领域。许多人、许多公司最常犯的错误之一是没有把自己的精力集中在一个点上，而市场竞争中最强有力的武器就是聚焦，只坚持一个理念，最大的聚焦往往就是最大的成功。

集中型战略即聚焦战略，是指把经营战略的重点放在一个特定的目标市场中，为特定的地区或特定的购买者集团提供特殊的产品或服务。即企业集中使用资源，以快于过去的增长速度来提高某种产品的销售额和市场占有率。

很多世界500强公司都因为能够集中优势和力量打造主航道才成为业界巨头。沃尔玛是商超领域聚焦的典范，它对聚焦战略的理解是把公司优势资源集中于某一个细分市场，在该特定市场打造竞争优势：比对手更好地服务于这一特定市场的顾客，并以此获取高收益率。因此，沃尔玛在建立之初就将精力集中于整体市场中最狭窄也是最具挑战力的乡村，凭借自己独特的聚焦战略，占领整个乡村市场，为自己带来了生存和发展的机会，强大了实力，再以星火燎原之势，悄无声息地占领全美市场。

正如任正非所说，通信市场是很大的，若在各方面都投入会消耗公司的战略竞争力量。而华为要集中力量突破一个点，把人力、物力、财力集中在这一个点上，饱和攻击，就会撕开一个口子，就会有市场，有市场、赚了钱后再加大投资，就会有更大的突破，就会有更多的市场。这样就形成一个良性循环，让华为的产品持续领先，公司也就了有生机。

创新要宽容失败

华为能走到今天，靠的是技术创新。在技术创新上，华为宽容失败，鼓励技术人员大胆探索。

任正非说："未来二三十年，人类社会将演变成为智能社会，其广度、深度我们现在还难以想象。如何让人才在良性约束下自由发挥，创造出最大价值？如何用人才的确定性去应对未来的不确定性？新格局重塑之际，华为既在反思过去，又在寻路未来。我们要形成一种风气，关心优秀人才的成长，坚定不移地支持科学家和技术人员的探索，大胆创新，允许失败。只有这样才会有真正的创新，才能继续领导世界。"

因此，华为在研发的过程中允许失败，允许适度浪费，即在资源可控的情况下，允许多个团队同时研发一款产品。这种竞争机制有效地激发了公司的活力，提高了可选择性，保证了充足的安全冗余，从而帮助公司免受极端伤害，实现反脆弱。

《黑天鹅》的作者纳西姆·塔勒布指出，个体越脆弱、越容易死亡，整体则越高效、越长久。如果能理性地进行试错，将失败和错误当作探索不确定性的手段和方法，那么每次试错都能让公司了解到什么是行不通的。逐渐地，公司便可能接近更有效的解决方案，防止遭遇极端事件造成高昂的机会成本或学习成本。

在试错的过程中人们会犯小错误，却能从连续的、细小的、局部的错误中获得潜在的大收益，这就是任正非在技术创新上允许失败、允许适度浪费、不追求完美的原因。

我们现在所熟知的华为手机，在几年前还默默无闻。2013年前后，华为推出几款中高端手机，从P1、P2到D1、D2，只卖了几十万部，可以说是失败的。华为在朝"精品战略"迈进的道路上，摔了好几次跟头，被看衰过，也被讥讽过。但通过几年的探索，华为积累了一定的经验，从华为Mate 7后，华为在中高端市场逐渐站稳脚跟。今天，P系列和Mate系列成为华为的双旗舰，赢得了消费者的认同。

事实上，早期华为手机的销量，主要来自定制机，运营商渠道占有绝对比例。但是，手机一出厂就与华为无关了，它们并不是华为的用户。余承东上任后，对华为手机进行自我否定，果断削减廉价定制机，重新出发，确立高端精品手机的战略路线。

没有前面几次的试错，就没有华为手机的今天。华为允许失败，允许试错，这是很多中国企业做不到的。通常，一些企业不给技术人才犯错的机会，一年没有干出成绩，管理层就会被大换血，但是这样并不利于人才沉淀。

任正非坦言，华为的产品研究成功率不超过50%，每年有几十亿美元被浪费。但是，华为允许失败的机制，培养了一大批"高级将领"，他们在各个领域能独当一面，替华为赢得更多的粮食。

任正非强调，一方面，华为对不确定性产品的未来，不仅允许失败，而且允许多路径、多层次、多梯队去阐释。另一方面，华为对确定性产品的开发，不允许犯低级错误在算法上，并要讲求效率。过去不同的网络制式，需要用不同的算法，后来这被华为俄罗斯研究所的一位小伙子打通了。这位小伙子的经历，充分体现了华为对人才的包容。俗话说，天才往往都带有缺陷，没有完美的天才。华为的这位技术天才，性格十分特立独行，在很长一段时间里，华为都不知道他在倒腾什么。但是，华为允许他按自己的生活习惯行事。这种宽容，让华为收获了惊喜——突然有一天，这位技术天才宣布他把算法打通了。这可是颠覆式的创新，也确立了华为在算法方面的全球领先优势。

任正非在对人才与创新的问题上，态度很坚定。他说："要让真正有奇思妙想又可能在主航道上带来科学合理成分的这些新苗不断成长。科学研究发现，没有浪费就不可能有成功。"

事实上，华为极其重视在创新研发上的投入。华为2018年财报显示，华为研发费用支出为1015亿元，获得专利授权数量全球第一。

数据显示，华为2018年在全球无线技术研发方面的投入增速超过了同期的苹果、微软和三星，位居全球第四。在全球研发投入排名前五十的公司中，只有一家中国公司上榜，那就是华为。

我们在判断一家公司是否"强大"的时候，常常喜欢比较市值，比如，谁会成为第一家市值超过千亿美元的公司。然而，研发投入以及研发投入占比才是判断一家公司是否会继续强大的重要依据。可以说，华为在人才与创新方面的战略是国内很多大公司都难以望其项背的。

任正非说："创新是有代价的，必须把自己置于风险中。"华为自创立以来，一直允许失败，不停地犯错、试错。虽然它曾错过小趋势，但大方向始终没错。作为华为的舵手，任正非总能保持清醒的认识——对行业的清醒认识、对华为的清醒认识。当外界赞美华为时，他会及时指出华为的弱点，让公司踏踏实实，不为虚名所累，不被浮云遮眼。他指出，华为在云业务、人工智能方面有些落后，但不能泡沫式地追赶。前30年，华为跟着机会跑，得以生存下来。2019年，华为的销售收入突破8500亿元，在一些领域已攻入无人区。现在，理论创新的时机已经到来，这就需要科学家去把握。对待科学家，对待技术创新，任正非认为，要包容，要允许他们犯错，只有这样才会有真正的创新，让华为的"黑土地"更加肥沃。

企业要想更加成功，不是什么事情都要做，而是寻求各种可能性之下的最优解决方案。这个最优解决方案，是一个概率分布，不是一个确定的数字。普通人会追求一个百分之百的结果，高手则追求概率上的优势。普通人在失败时痛不欲生，高手则调整策略，继续寻求下一个概率上的优势。

所有成功的产品，一开始都不是完美无缺的，都是先满足一个或者少数几个最关键的需求，然后，再通过不断测试和创新去迭代优化。

如果乔布斯最初因为屏幕易碎而不敢推出苹果手机，他就不会开创伟大的智能手机时代。所以，在创新上，任正非允许下属犯错，宽容创新失败，允许适度浪费，只有这样才会取得科技成果，才能推动企业不断进步。无数案例证明，那些急功近利、不敢大胆探索、不允许下属犯错、不宽容创新失败、不允许适度浪费、不允许冒险的企业，不是倒闭了，就是正走在倒闭的路上。

"云、管、端"一体化

为满足广大客户的需求，华为自2010年正式进军云计算领域，并推出了"云、管、端"一体化战略。

当时，"云、管、端"一体化战略被称为华为的一张王牌，它将帮助客户完成数字化转型，解决未来大数据、云计算、人工智能和万物互联的5G时代的"成长之痛"。

任正非在2010年就前瞻性地指出："未来，所有人和物都能感知环境，成为智能世界的入口。计算机与人的距离越来越近，从大型机时代的几千米、PC机时代的几米，到智能手机时代的几厘米，再到可穿戴的几毫米。最后，可植入的智能芯片将使人机融为一体。5~10年内，将出现各式各样的多场景、自适应的智能终端，智能手机只是其中一种。在即将到来的5G时代，分布全球而又相互连接的计算机，汇聚了人类社会的海量信息，在云端生成了一个'数字大脑'，它实时进化，永不衰老。人和机器可以通过超宽带连接和智能终端调用它的智慧。自动驾驶、智慧医疗以及大部分人类脑力活动会在'数字大脑'协助下变得更高效。"基于这些理解和假设，华为一直致力于打造智能社会的"云、管、端"一体化技术架构，这也正是华为未来重点投入的战略方向。

什么是云、管、端？

云：华为云平台，是未来信息服务架构的核心，云计算共享计算和存储资源，从而提升资源利用率和业务部署的速度处理能力。华为云的战略定位是以客户为中心，聚焦ICT基础设施，提供创新的云技术，同时成为客户优选的伙伴，积极参与云生态建设，从而成为智能社会的使能者与推动者。

为此，华为确定了新一代业务平台和应用，大容量智能化的信息管道和丰富多彩的智能终端齐头并进的发展方针，于2017年发布了云EI解决方案，旨在为企业提供一站式的人工智能平台型服务。据悉，EI包含了基础平台服务、通用服务、场景解决方案三类企业智能云服务以及异构计算平台。

管：华为超宽带网络，是云、管、端架构的基础，智能化管道提供了强大的业务处理能力，同时也为云平台提供了业务感知能力。

5G技术使管对人工智能的广泛应用起到一个比较大的支撑作用。5G具有广覆盖、高带宽、低时延的特点，可以做到每秒1GB的速度，每平方千米达到100万个终端的连接数，网络延时可以做到毫秒量级，这些技术特点对人工智能的广泛应用将非常有帮助。

端：各种华为智能硬件终端，把硬件的操作系统和软件等放在云中，终端将变得简单轻便。

2017年，华为发布了全球首个配备专用NPU（Neural-network Processing Unit，神经网络处理器）的智能手机芯片麒麟970，它最大的亮点就在于其GPU（Graphics Processing Unit，图形处理器）内置了寒武纪-1A NPU模块，这一芯片堪称"神经人工智能单元"。麒麟970在人工智能方面的突破也成为传统智能手机和未来人工智能手机的重要分水岭。在这场将"芯"比"芯"的比赛中，华为将手机人工智能的意义推向高潮。

华为"云、管、端"一体化的构建，从三个维度出发，深刻诠释了"人工智能"在华为布局中的竞争力和战略决策。号准了时代的脉搏，制定了完善的战略规划，应用落地是最终的着陆点。

近几年的"物联网""大数据""云计算"等IT关键词对于不太涉足IT行业的人也耳熟能详。正是由于这些技术渐趋成熟，人工智能可谓是站在了巨人的肩膀上，无论是产业界、政府还是老百姓都感受到了人工智能的"威名"。

从"阿尔法狗""无人驾驶汽车"到"智能音箱""智能家居"，人工智能技术与实体经济、实体产业逐步结合，智能产品不断改善我们生活的方方面面，智能社会的建设也大步向前。

未来二三十年人类社会将演变成一个智能社会。华为的愿景是"把数字世界带入每个人、每个家庭、每个组织，构建万物互联的智能世界"。而"云、管、端"一体化战略，就是创造无处不在、无所不能的无限可能。

但是，社会的变革必将是挑战与机遇并存，人工智能的发展也一定会经历风雨，才看得见彩虹。

以华为云为例，自2010年华为正式进军云计算领域至今日，华为云计算业务在IT市场实现了质的飞跃。

2021年12月29日，华为云CEO、华为消费者云服务总裁张平安在"2022华为云&华为终端云创新峰会"上发表主题演讲时表示："华为云以'云云协同'策略不断探索华为云、华为终端云、华为流程IT云协同的创新服务，发挥华为独有的云、网、边、端产业布局和协同优势，满足越来越多客户对一站式服务和业务全流程贯通的需求，全面助力客户深耕数字化，找到新的增长路径，实现跨越式发展。"

2021年，华为云提出的"云云协同"策略，不仅实现了华为云、终端云和华为流程IT云的协同，还与合作伙伴实现了高度协同，将各个行业数字化的能力变成云服务，共同助力企业实现跨越式发展。如今，华为的"云云协同"正在释放新的价值：第一，借助华为终端云的优势，科技企业得以更高效地获取流量，转化流量，激发新的增长；第二，华为在全球的布局能够帮助科技企业实现跨区域的增长；第三，面向产业升级的浪潮，华为云能够将过去优秀的产业数字化经验，外溢给科技企业，携手科技企业共同开拓产业数字化蓝海。

面对全行业走向数字化云化、跨区域获得新的增长空间以及走向产业蓝海三条企业寻求高质量发展的路径，华为云也一直在思考应该扮演怎样的角色，对此，张平安强调，华为云倡导一切皆服务。

基础设施即服务，让业务全球可达。未来，所有的数字化都需要底座。张平安认为，云化是未来方向，而云化的第一件事情就是构筑基础设施，但其实企业并不需要自建云技术设施，华为云将自己的大型数据中心和网络等云技术设施以云服务的方式开放给企业，助力企业顺利实现云化。

华为云会持续扩大全球数据中心和网络布局，为客户、合作伙伴和开发者提供一致体验的全球一张网。目前，华为云全球可用区从45个扩展到了61个，覆盖了全球170多个国家和地区。2022年，华为云还计划在沙特、印度尼西亚、爱尔兰、日本、西班牙等多个国家和地区开设新的可用区，希望能够帮助更多中国企业走出去，国外企业走进来，加速整个行业的数字化转型。

华为云战略主要分为三个部分：一是针对行业部署云数据中心，扩展云服务业务；二是坚持集成战略的同时，加大与业内合作伙伴在云平台建设中的合作；三是强调融合战略，精简用户在云应用中的IT部署。

着眼未来，华为将持续开放十万个研发工程师、每年数百亿美元研发投入的创新成果，把一系列根技术通过云服务的方式提供给合作伙伴，打造"数字内容生产线MetaStudio""人工智能开发流水线ModelArts""软件开发流水线DevCloud"三条开发流水线，助力各行各业更简单的软件开发，快速完成SaaS化，共同开拓万亿产业数字化蓝海，在云上创造更大价值。

华为作为一个全球经营的科技公司，有大量海关报关的业务单，这些业务单以前都靠人力，而现在通过人工智能技术使得整个流程得到了优化。这样一来，发货量预测的准确率提升了30%。人工单据的导入时间得到了缩短，相应的物流费用下降了30%。

除此之外，华为还和深圳交警联合创新，构建了深圳交通智慧大脑，实时检测每个车道的车流信息，帮助交警在第一时间获取完整的交通流量数据，综合检测准确率达95%以上。

正是由于人工智能技术的投入使用，违章图片的识别效率提升了10倍，确保了违章图片的闭环处理。制定精准的交通信号管控模式，对交通流量数据、交通事件数据、交通信号控制等数据进行多维度时空分析，道路通行能力提高8%以上。

随着大数据、云计算、物联网的不断成熟，人工智能所需的技术基础奠基也逐渐深厚，面临的产业化环境利好，我们可以看到它在金融、交通、电力等行业的广泛应用。尽管形势大好，但仍存在不少争议，人工智能也确实存在尚未解决的痛点问题。因此，华为一直坚持开放合作的战略，希望携手合作伙伴共同构建人工智能全球生态圈。在这一战略中，华为恪守业务边界，做平台的平台，做生态的土壤。

华为强大的研发投入和开放合作的态度，将为其在人工智能领域构建核心竞争力，也必将推动人工智能向前发展，让"云、管、端"一体化战略加速落地。

数字化转型"再造华为"

随着市场环境的变化和企业的不断发展，新的竞争对手不断涌现，新的商业模式层出不穷，很多企业面临着核心业务增长乏力的问题。因此，主动拥抱数字化变革，充分利用ICT重塑核心业务，实施数字化转型势在必行。

2016年，华为正式启动数字化转型战略，目标就是"自己的降落伞自己先跳"。华为想要赋能整个行业的数字化转型，首先要把华为自己的数字化做成整个行业的标杆。因此，华为将数字化转型定义为整个企业最重要的战略变革，"是一把手工程"，任正非亲自参与数字化转型，再造华为。

2016年10月26日，任正非在华为质量与流程IT管理部员工座谈会上强调指出："一个企业数字化转型，要有战略决心，要有最高层和业务主体的业务驱动，而不是技术部门驱动。变革与IT要在夯实IPD/ISC/LTC/IFS的基础上围绕这个目标来展开。未来五年，华为要在研发、销服、供应等业务领域要率先实现ROADS体验（实时、按需、全在线、自助、社交化连接）。"

任正非指出，数字化转型关系到中国数字经济的成败，推进国有企业数字化转型是实现国家发展目标的重要途径。华为愿与企业和合作伙伴一道，继续在科技创新、产业建设、融合应用等方面发挥综合能力，共同承担数字化转型的历史使命，迈出数字化转型的坚实步伐，稳中求进，并将以此为契机，携手并进。

数字化转型对于华为内部主要是提升运营效率，对于华为外部主要是提升用户体验。对内，华为IT面向创造价值的主业务流，通过数字化提升运营效率；对外，华为IT首先定义了要服务的对象，围绕五类用户（企业客户、消费者、渠道合作伙伴、供应商、员工）提升用户满意度。

华为在推进数字化转型的时候面临的最大挑战首先是服务对象非常复杂，如何实现对企业客户、消费者、渠道合作伙伴、供应商、员工五类用户需求的及时响应。其次是全球化，华为的业务延伸到了全球170多个国家和地区，如何支撑全球十几万名员工的协同作战，是一个很大的难点。最后，华为的应用系统很复杂，其中包含1000多个应用，全球多个数据中心，如何将它们进行整合也是一个非常大的挑战。

任正非认为："未来绝大多数企业都会是数字化企业，企业数字化转型的本质是通过数字技术在竞争中获取优势，高质量的变革规划是数字化转型成功的起点。数字化转型需要行业实践和数字化技术融合，因此，实业企业获取数字化能力，互联网企业获取产业能力，仿佛是一场竞赛。谁能够快速地完成数字化转型，谁就可以获取极大的竞争优势。相反，谁在数字化转型中掉队了，无论是成本、客户体验，还是产品的竞争力，都将无法与对手比拼。"任正非道出了企业数字化转型的重要性和紧迫性。

因此，1998年华为正式实施华为的大变革。通过这一变革规划，在10年内，华为实现了集成的产品开发、集成的供应链以及财经服务，构建了相应的流程、组织，并且固化到IT中。华为组织级的能力也发生了质的飞跃，系列变革项目支撑了华为原先设定的"世界级企业"的愿景。

2016年，华为又启动了第二轮公司级的数字化转型战略，以此支持华为在数字化时代保持领先。

2018年年初，华为发布了新的公司愿景：把数字世界带入每个人、每个家庭、每个组织，构建万物互联的智能世界。因此，任正非强调："把数字化转型重新定义为华为公司未来转型的唯一任务，打造全联接的智能华为生态，为构建万物互联的智能世界做出努力。"

华为愿景的重新定义，驱动了数字化转型架构的重新构造，制定了数字化转型的五大设计要点：

第一，把用户放在最前面。识别了企业客户、消费者、渠道合作伙伴、供应商、员工五类用户，致力打造一个面向用户的一站式交互平台，用户体验优先。

第二，提供场景化的解决方案。对准业务作战，实现服务的自主编排及灵活调度，提供标准化、全球"等距离"服务。

第三，构建企业服务化的中台，支持面向业务的快速响应。

第四，构建"多云管理"平台，协同多云服务，快速引入外部先进能力；将传统SILO系统连接起来，消除信息孤岛；将IT/OT/IOT融合，消除数字断层；实现企业"内部互通、内外互通、多云互通"。

第五，重新优化业务运营模式，实现实时业务感知和运营指挥。同时，IT组织也进行相应的调整，构建面向业务数字化转型的"IT铁三角"——业务使能、平台服务提供和实时运营指挥。

目前，华为正在全面推进"Digital First"数字化转型战略，并在2021年前实现全联接智能华为，成为行业标杆。同时，华为还将实现两个诉求：对外简单、高效、安全地与用户和客户做生意；对内逐步提升内部的运营、效率和效益，支持企业"多打粮食"，增加"土壤肥力"。

为此，华为把数字化转型的系统工程拆成一个个具体的举措和任务，明确由不同的责任部门完成，并制定了四个主要转型举措：提升客户体验、提高作业效率、重构运营模式、打造数字平台和"数字化华为"。

同时，华为还确立了数字化转型的三个价值目标：

1. 提升客户体验：关注客户满意度和营收增长

过去华为强调产品的质量、性能，但现在十分强调体验。客户体验对一个企业的竞争力至关重要。仅仅是交易的体验，就让淘宝、京东这些电商成为千亿级规模的公司。

例如，过去华为是一个以产品为中心的公司，把产品卖给客户，由客户来运营整个网络。把3G卖给客户后，公司去开发下一代，去研究4G。所以华为人经常在公司内部开玩笑说自己就是个卖"盒子"的公司。

数字化转型之后，华为可以做什么呢？更理解客户，不断加强与客户的连接，帮助客户进行再一次的价值创造。运营商买了华为的设备建基站和网络，是为了给最终客户去用的，它必然要考虑投资回报。那么就面临一个问题：在这个地方建基站，到底能不能挣钱？过去没有数据支撑，只能靠猜，经常建好以后发现基站的利用率很低。现在通过网络数据、客户群信息以及各种流量预测的模型，华为基本上可以判断：在这个地方建一个基站，未来三年的投资回报如何。这对客户的决策和网络建设起到了非常好的指引作用。

由此可见，任何一个产品，通过数字化可以极大地提升客户体验，而客户体验将是企业和企业之间差异化竞争的关键。

2. 效率提升：关注海量、高成本的作业环节

2020年，华为营收达到1300多亿美元，创下历史最高纪录。目前，华为有9万名研发人员做产品设计与开发，华为在全球每年要交付几十万个站点，还要采购数千亿元的物料，并对这些物料进行生产、加工和运输，全是海量的规模和成本。如果能够通过数字化技术，提升海量、高成本环节的效率，能带来什么价值呢？

华为通过数字化转型实现了远程勘察、人工智能质量检查、自动生成文档，在过去几年降低了几个点的交付成本率。这是什么概念？华为运营商业务收入一年大概是400多亿美元，一个点的交付成本就是4亿美元。而且这十几亿美元的节约，是纯利。如果华为想通过新产品得到这样规模的纯利，至少需要做出一个百亿美元规模的新赛道。

所以，华为认为对于一个企业而言，效率是数字化转型的目标之一，因为它也是一项关键的竞争优势。但只有找到业务中海量、高成本的作业环节，通过数字化来改造它、提升它，才能取得预期的规模收益。

3. 模式创新：开放、创新、生态

在数字化转型的过程中，能不能培育一个数字化的平台，打造一个数字化的产品，为企业找到一条新的赛道？大家都知道，亚马逊原来是卖书的，后来变成了全球最大的电商，再后来变成全球最大的云服务提供商。亚马逊之所以能够成为美国市值第一的公司，不是因为它做电商，更不是因为它卖书，而是因为它的云服务。

华为的模式创新，主要是商业模式的创新和运营模式的创新。前者帮助企业形成数字产品与服务，找到新的增长赛道；后者帮助企业提升认知水平、构建生态，让企业更敏捷、更准确地应对未来的变化。

在华为30多年的历史上，有3000多个应用系统模块，每一个应用系统模块都会割裂形成一个数据的烟囱。当你想围绕用户做一个画像，围绕你的产品做一个分析时，你会发现拿不到数据。因为数据全在系统里分散着，而这些系统背后可能是各个业务部门和权力。

任正非指出，数字化时代，华为希望应用系统是"服务化"的，平台是"云化"的，更重要的是，企业应该有统一的数据底座来承载所有的数据，并将数据变成企业的"战略资产"。

以前，华为从基层的项目组到集团大概要经过7层的汇报，才能到达最高决策机构。再加上每个部门使用的应用系统又不同，层层汇报所需要的数据，经常要靠"表哥表姐、查数姑"们在各个应用系统里查询和汇总。

数字化可以让不同层级、不同部门的主管在同一时间看到同样的数据，这样原来的层层汇报、加工传递就不再需要，组织实现扁平化，让"指挥"到"作战"之间只有"一跳"，实现对问题的实时感知和"察打一体"。

华为董事、质量与流程IT管理部总裁陶景文介绍，相对于亚马逊和阿里等原生互联网企业的数字化转型、微软等传统软件企业的数字化转型，华为走出了一条独特的硬件产品企业数字化转型之路（华为也有软件业务，但硬件是其主体业务）。华为内部IT从最初的信息化到后来的数字化，从数字化平台到基于平台的服务化，再到以客户体验为中心的业务与IT合一，华为实现了"高速路"上的重生，即"开着飞机换引擎""高速路行驶中换车轮"。

任正非表示："作为一家非数字化原生企业，华为永远不可能让业务停下来。做数字化转型，华为永远在进行非破坏式的演进和改造。"

2018年年底，华为质量与流程IT管理部3300余人，支撑了华为全球近20万名员工、15万个合作伙伴、170多个国家和地区的高效运营以及2018年历史性的1000亿美元（7212亿元人民币）营收大关，华为手机业务位居全球第二，每年出货量高达1.5亿台，仅次于三星。

华为企业架构委员会主任、变革项目办公室主任熊康举例说：巴塞罗那世界移动通信展览会(MWC Barcelona)是全球通信行业内最具权威的展览会，华为每年作为最大的参展商，会把部分展厅包下来，投入非常巨大。当2020年发生疫情时，巴塞罗那展会方直到开幕前5天，才通知所有的参展商取消当年的展览会。那时华为很多准备工作已完成，客户也约了，怎么办？当时任总提出来，华为要在10天之内做一个线上移动通信展。

华为组织人员花了不到10天时间，把布置到现场参展的所有产品和解决方案，全部通过AR+视频+人工讲解方式搬到了线上，让客户体验线上展览会。华为的云上展厅，为运营商客户打造随时随地、身临其境的方案体验。

日本的一个客户参观完展厅后，找到华为高管，希望华为把数字化展厅卖给他们，来拓展他们自己的业务。所谓"买椟还珠"，他觉得这个"盒子"还挺好的，想买。

这个线上展览会在别人看来是不可完成的任务，为什么华为却做成了呢？就是因为之前华为的产品数字化已经把产品的外形、特性等做了数字化，华为的营销数字化已经把展览会的流程、展台做了数字化。有了这些数字化模型，华为很快就可以拼出来一个巴塞罗那展览会。

云上展厅只是客户数字化体验的一部分。华为做过统计，疫情期间公司的客户拜访、交流数量不降反升，高层会议从以前线下每月30场，增长到疫情期间线上每月100多场，因为以前领导们飞来飞去的时间都省下来了，反而能见更多客户。

在转型过程中，华为员工普遍有一个共识：在华为，唯一不变的就是变化。华为常常因为外部条件的变化需要及时做出战略的调整，相应地也需要对管理体系做出改变。华为有时为了提升管理效率，会有意地营造氛围，而浓厚的气氛对变革项目的推进是非常有利的。另外，为了减小变革的阻力，华为会提供一些制度性的保障，保障被变革影响到了的人的利益。

任正非指出："打下一座县城，留下一任'县长'，我们真正重要的是识别有使命并且理解变革的人，派他去落地，把这一县旧思想的人都改变了。在推进变革的过程中我们还要尊重差异化，鼓励先进，同时允许落后，不追求齐步走，给大家接受和改变的时间。当然，也不是所有人都能改变过来。对于那些实在不能改变的以及不能及时改变的，我们也需要做出及时调整。"

华为愿与客户、合作伙伴一起，充分利用自身数字化转型的技术优势和经验，全面、长期、面向未来地助力企业数字化转型与智能升级。目前，世界500强中有211家，100强中有48家企业选择华为作为其数字化转型的伙伴。

为了保持与时俱进，华为每年都会检视变革规划来确保变革和业务战略同步。任正非坚信，持续的管理变革将支撑大多数企业在数字化时代不断提升自身能力，也鼓励企业拥抱变化，敢于变革。正如德鲁克所说："我们无法左右变革，我们只能走在变革的前面。"如果说历史上哪个时代能跟我们正在进入的智能时代相比拟，笔者想说的是500年前大航海时代的哥伦布发现新大陆、麦哲伦的环球航行，连接了全球各大洲，也改变了人类的文明进程。

华为的数字化转型实践告诉我们，企业的数字化转型，虽然面临诸多的难题，但真正卡转型"脖子"的，不是技术，而是思维和方法。

第2章

人才管理：把合适的人放在合适的岗位

人才不是华为的核心竞争力，对人才进行有效管理的能力，才是华为的核心竞争力。

——任正非

人才雇佣资本

21世纪企业的竞争就是人才的竞争，而一个企业的人才观又与企业领导人的人才观息息相关。任正非很早就提出对人才的管理才是企业的核心竞争力的观点。

在华为创立之初，任正非就倡导"知本主义"，他希望华为人力资本的增值要优先于财务资本的增值。任正非说："我们倡导的'知本主义'不是资本主义，不是人本主义，而是知本主义（知识即资本）。华为的价值分配理论，可以称为'知本论'。华为在创业初期，没有资本，只有'知本'，华为的资本是靠'知本'积累起来的。过去，资本是比较稀缺的资源，支配力更大。现在情况发生了变化，过去，是资本雇佣人才，现在和未来，是人才雇佣资本。人才会起到更主导的作用，人才创造的价值更大。资本则需要附着在人才身上，才能够保值增值。"

任正非在明确提出"知本主义"的概念之前，就有了一种当时还无法用语言和文字表达的理念和机制。华为的"知本主义"不是虚构的，而是真实的。1996年，当任正非邀请中国人民大学六位教授撰写《华为基本法》的时候，就创造性地提出了"知本主义"的概念，可见他对人才的高度重视。

每年都有大批大学毕业生加入华为，当他们刚到华为时，只有几箱书和衣服，一年以后，华为把他们的知识变成了资本，配给他们期权，这就是知本论。华为就是运用"知本"不断地吸收优秀人才。华为在创立之初就设置了以劳动为本的产权结构，让员工在企业拥有股权。在提出"知本主义"的概念之后，任正非在各种场合多次讲到，高科技企业就要"以知识为本"。想让员工为客户创造价值，就应该承认知识的价值及其具有的巨大力量，要敢于涨工资，这样人力资源改革的胆子就大一些，底气就足一些。员工贡献多，就多拿钱，让知识不断增值。

任正非倡导的"知本主义"实践的真正意义在于，在知识和资本（股权）、知识和管理（职权）之间打开了一条通路。关键不是在"钱"字上，而是在"权"字上。华为的"知本主义"实践突破了传统资本主义和传统经济学"财富使人获得权力，权力又使人获得财富"的固定思维模式，使知识和权力（股权和职权）结合起来。华为既不完全否定财富的力量，又创造了"知识使人获得权力，权力又使人获得知识"的全新思维模式。

任正非进一步指出："华为是高科技企业，不缺钱，但光有钱是没有用的。因为当今世界，资金是无穷的，而知识、知本是稀缺的。如果人的脑子得不到激励，大家干活不动脑子，高科技企业的生命就终止了。企业最大的前进动力来自'知本'，而不是资本，华为的大煤矿、大森林、大油田都是从人的脑子里挖出来的，是由知识转化而成的资本，而不是有资本就能起作用。"所以，华为坚持不上市，不让资本绑架华为。

在华为，股份比例不起作用，任正非只拥有1.01%的股权。资本的逻辑是按投资比例决定经营权，华为如果这样就没法玩了，高科技企业如果被资本的力量主导了，它就完了。任正非认为，企业的经营权按资本分配是错误的，应该按知识分配，按贡献分配。华为发展到现在，为什么还在变革呢？它还在不断改革，如过去分下去的好多股权，后来跟着业绩一直在涨红利，现在对不起，封顶了，不许增加了。过去华为员工拿的股权分红包括了资产的增值部分，退休的人如果还分享资产增值的红利，那么还在做贡献的奋斗者就吃亏了。因此，华为又推出了TUP（Time Unit Plan，时间单位计划），让资产的增值部分由继续做贡献的人分享，而不是由拥有资本的人坐享红利。

到2019年年底，华为员工数量达19.4万，持股员工数量121 269人。华为2019年在薪金及其他福利方面的支出达1349.37亿元，华为员工人均薪酬达69.5万元。

知识是华为获取核心竞争力和保持价值创造力的关键驱动力。任正非奉行"知本主义"，将员工的知识转化为"资本"，让"知本"不断增值，构建了公司与知识型员工休戚与共的"利益共同体"。

华为是一家知识型高科技企业，其"按知分配"是一种富有弹性的分配制度。一方面，它既照顾了人的生理机制，又不唯生理机制。因为其考虑了人的脑力或知识劳动的特点，人的体力下降了，但脑力不见得同等程度下降，仍然可以进行知识创造。另一方面，它既照顾了物化劳动即资本的收益，又不唯资本的收益。不使资本在企业中掌握绝对的控制权。华为将"知本主义"落在实处，这或许就是华为成功的最大秘密。

最合适的人才，就是最好的人才

华为从6名员工创业的小企业，发展到近20万名员工、年营业收入突破8000亿元的全球信息与通信行业的领导者，华为靠的是什么？

1997年，在《华为基本法》的起草过程中，《华为基本法》起草小组组长彭剑锋教授问任正非："人才是不是华为的核心竞争力？"任正非答道："人才不是华为的核心竞争力，对人才进行有效管理的能力才是华为的核心竞争力。"这是华为的人才理念，也让华为一直保持着极高的价值创造能力。

任正非对人才有着独到的见解："企"之一字，有"人"为企，无"人"为止。先有人，才有业绩，人是企业的根基。而"人"之一字，捺在撇上为"入"，捺撇分开为"八"，捺撇交叉则为"×"。只有合适，方为有用之才。企业发展，在于选人，而选人之道，在于精准。

任正非认为："公司招聘最重要的是建立岗位人才标准，这其实就是一把尺子。这把尺子通常有两个维度，第一个维度是这个岗位的能力素质要求，第二个维度是个人的价值观是否与企业的核心价值观一致。如果在这两个维度上人与企业的要求都能完美契合，那么这个人就是企业所需要的人才。"

华为前人力资源副总裁、人力资源管理专家吴建国在《华为团队工作法》一书中写道："价值观的重要性要远远超过能力素质。随着工作的逐渐深入，价值观的差异会让员工与企业之间的嫌隙逐渐放大。对于企业而言，这无异于一颗不定时炸弹，一旦爆发就会产生重大的不利影响，而且员工能力越突出，对企业的负面影响越大。"

1997年，任正非曾经对吴建国说过一句话："当你用一个人的时候，先别管这个人强还是不强，你要告诉我你究竟让他做什么，也就是说，他的能力是否与你想让他做的事情匹配。"

由此可见，华为选人首要考虑的是价值观因素，其次是能力素质与岗位要求的匹配程度。正如任正非所说："把合适的人放在合适的岗位。"

在人才搭配上，华为用人所长，补其所短。任正非认为，"金无足赤，人无完人，优点突出的人缺点同样突出"。企业家也经常会说："没有完美的个人，只有完美的团队。"团队组建不单指企业的核心领导团队，还包括一个部门的领导团队、一个项目的领导团队等。但无论什么团队，在团队组建的时候，都需要坚持八字方针：价值趋同，优势互补。

华为把人才搭配的原则称为"狼狈计划"。就像军队一样，团队不仅要有司令来指挥冲锋陷阵，还要有政委来营造氛围。团队的强大战斗力，来自核心成员价值观一致且优势互补所形成的合力。

很多成功的企业都有人才搭配的经典范例。任正非的战略思维和领导力超强，就像华为的远光灯一样；孙亚芳的职业化素养高，在组织管理上细致入微，就像华为的近光灯一样。二者相辅相成，共同推动了华为30多年的高速发展。

华为的选人、用人、留人、育人的方法和顺序，跟国内很多企业都不一样。

第一是"选"。任正非指出，人才不是培养出来的，是选出来的。因为人的成长全靠自己，如果一个人没有足够的学习能力和热情，那么外界再怎么培养他，他也不会成长。所以华为实行的是选拔制和淘汰制。但是，在选人环节，误差比较大，因为几次面试无法全面看清一个人，既然如此，那么在选人之后，鉴别这个人能力的最好方式，就是用他。所以第二是"用"。

在试用的过程中，华为就会发现，有的人的确很优秀，很适合这个岗位，而有的人的确不行。于是，合适的人被留下，不合适的人被淘汰。所以第三是"留"，只有试用合格的人才会被留用。

最后是"育"。因为只有对被留用的人，才要去"育"他，而对不值得留用的人，培养他相当于花了冤枉钱。这就是任正非管理人才的逻辑。

任正非曾经做过一次测试。他悄悄拿来华为招聘人才的表格去填，结果交上去后，华为人力资源部门给了一个意见：此人不适合在华为工作。可见，选人环节确实难免有误差。

任正非曾说："有的人刚招进来时是一株小草，你去给他施肥、浇水，但是小草只会长成大草，不能长成大树。你只有对留下来的那些小树苗，去施肥、浇水，他才有可能长成参天大树。"

在"用人"的过程中，华为还有一套绩效激励机制。每年年初，华为会根据每个部门的战略目标，制定好绩效奖励的规则，到年底时，考核每个员工的目标完成情况，据此来进行奖励。

很多公司不知道要这样做，年初时不定规则，年底时公司说有利润分给大家，这样的绩效考核就变成分钱、抢钱了，因为没有谁会说自己的绩效不好。华为的分配实际上是挣钱，而不是这种分钱的概念。

很多人把华为的绩效激励，简单理解为给员工发大把的工资和福利，这种理解是错的。华为的工资跟互联网公司比起来不算高，但是华为有虚拟股权，员工持有一些内部的股票，回报还是不错的。因此，这就让许多员工形成一种心理：害怕失去。干得不好，就会下岗，被淘汰，于是为了保住自己的利益，员工也就努力工作了。

员工的全部利益都维系在华为的平台上，所以大家的心思也都放在工作上，也不用想着炒股炒房赚钱，这绝不是因为华为承诺给员工很多钱，员工才会努力工作，而是任正非把握住了人性。

人才为我所知，为我所用

华为的成功，就是不懂管理的任正非用对了人才。

2014年，已经成为全球领先、开始进入无人区的华为，为了承担起为人类领航的责任，甚至在全球选拔具有全球化业务经验及视野的干部担任高级主管，选拔能洞察市场、洞察技术、洞察客户、洞察国际商业生态环境的人做领袖，以进一步提升人才核心竞争力。

一方面，华为加强优秀人才的引进，在世界范围内广泛招聘优秀科学家、高级专家、少年天才，将他们融入华为的"血液"里，坚定不移做到向下扎到根、向上捅破天；

另一方面，华为把战略能力中心建到战略资源聚集地区，这样可以更好地汇聚当地的人才，加快人才全球布局，辐射管理全球业务。

2019年1月17日，当任正非在深圳华为总部，接受多家国内媒体联合采访时谈道："今天大家看到华为有很多成功，其实成功很重要的一点是外国科学家，因为华为工资高于西方公司，所以很多外国科学家都在华为工作。我们至少有700个数学家、800个物理学家、120个化学家、六七千个基础研究的专家、6万个各种高级工程师和工程师……"

在人才团队建设上，任正非并不是一味狭隘地强调人才为我所有，而是从实用主义的角度，注重结果导向，人才为我所用即可，创造性地将"众筹、快闪"等新概念应用到人才使用上，更加开放、灵活地利用"传帮带"机制，取得了良好的效果。

形成"传帮带"的机制，让人才在最佳时间，以最佳角色，发挥最佳贡献。

2016年10月26日，任正非在运营商"三朵云"2.0阶段进展汇报会上讲道："我们可以从'三朵云'到'三朵'云（华为"三朵云"指建设数据中心互联的全球体验中心体验云、建设知识管理平台的知识云、建设战略沙盘的客户方案云），将专家能力工具化、云化，最后再微服务化。这就是'众筹、快闪'。另外，我们可以请退休的业界高级技术专家形成专家顾问组，就像美军顾问组一样，然后让他们飞去非洲，和我们年轻的战士融合起来，产生碰撞、产生火花，点燃未来的将军，这就是'传帮带'。"

任正非不仅注重人才为我所有、人才为我所用，同时还放眼全球，强调人才为我所知，聚焦华为战略主航道，以开放的心态与一切同方向的科学家合作，及时感知行业发展方向，以避免方向性战略误判带来的巨大风险。让黑天鹅在华为的咖啡杯中飞起来，让华为自己颠覆自己，而不是被别人颠覆。

让最优秀的人培养更优秀的人

任正非非常重视对员工的培训，把持续培养专业技术人才作为华为最重要的使命之一。

华为有各种人才发展项目，与世界十多所知名大学建立了良好的合作关系，设立了多个人才培养基金，并提供科研经费，广泛开展基础科学、信息和通信技术及产品研究，以此建立长久的人才供应渠道。任正非希望英雄成倍地在华为这个世界级平台上涌现。

因此，华为建立了严格的培训制度，用最优秀的人培养更优秀的人。新员工进入华为后，要根据不同岗位，进行3个月到半年的入职培训。

华为大学是华为优秀人才的摇篮，是中国企业的"黄埔军校"。为了把华为打造成一个学习型组织，华为进行了各方面的努力。2005年正式组建了华为大学，为华为员工及客户提供众多培训课程，包括新员工文化培训、上岗培训和针对客户的培训等，培养了一批又一批研发、销售、客服、供应链、财经、法务、人力资源等领域的专家。

任正非指出，华为大学要具备两个"基因"：一个是像"黄埔"和"抗大"一样采用短训方式来培养人才的"基因"；另一个是西方职业教育的"基因"——给学生赋能。任正非明确要求，华为大学一定要办得不像大学，因为华为的学员都接受过正规教育。华为大学的特色就是要训战结合，赋予学员专业作战能力。华为把能力的交付作为对华为大学的评价标准。华为大学不是一个正规院校，正规院校是培养本科生、硕士生和博士生的。华为的学员都是完成了基础训练才进来的。华为大学的本质是对已经受过正规教育的人进行再教育，再教育应该与岗位要求有关系，不再与基础知识有关系。华为需要你从事某个岗位，就会给你赋能。华为大学的赋能要支撑企业文化、管理平台和关键业务能力，尤其是战略预备队的建设，要培养一批对抢占战略机会点做出贡献的人。

华为大学具备优秀的讲师队伍，目前拥有300多名专职教职员工和1000多名兼职培训讲师，他们遍布于中国深圳总部以及中国及世界各大洲分部（代表处）。华为大学建立了真正有效的物质和精神激励机制，不搞讲师终身制，专职讲师的职级、工资、配股等总体沿用华为大平台机制，用最优秀的人培养更优秀的人。

什么叫最优秀的人？

任正非解释："每个人都不能说他最优秀，比如，我年轻时很优秀，我89岁时还优秀吗？人的优秀、人生的优秀，只有短短的一段时间，你把这段时间输出去，然后再去做其他事情。"

为了把基层干部培养成能打胜仗的"将军"，帮助中高层干部实现从"术"向"道"的转变，华为规定每位高层干部都必须参加华为大学的干部高级管理研讨班的学习。

干部高级管理研讨班的主要目标不仅是让学员理解并应用干部管理的政策、制度和管理方法，更重要的是组织学员研讨企业核心战略和管理理念，传递企业管理哲学和核心价值观。

与一般企业大学的做法不同，华为大学的干部高级管理研讨班向每位参训学员收取2万元的学费，学费由学员个人承担，目的是让每位参训干部增强自主学习的意识。

"青训班"项目重在开发项目管理能力，打通项目管理的全流程，使学员从本职岗位的单一视角扩展到项目管理全过程的整体视角，实现技术技能的开发。

FLMP项目对基层管理者在团队管理与激励等方面进行团队领导力赋能，完成从"士兵"到"士官"的进阶，有效开发人际技能。具体来说，就是学员通过干部高级管理研讨班的系统研讨，把实践经验总结上升到理论高度，深度发酵。而这一过程的重点是概念技能的开发，从组织层面出发，构建战略管理与公司文化管理思维。沿此路径，华为的管理者将逐步完成从"士兵"到"将军"的进阶，从而实现从"术"向"道"的转变。

华为大学执行校长陈海燕介绍，华为的核心管理理念及管理方法源于华为的核心价值观，它承载了华为30多年管理实践中的成功经验和失败教训，是干部保持正确的管理方向及带领团队取得成功的基础和前提。

华为还成立了华为ICT学院，该学院是华为主导的、面向全球的校企合作项目。华为ICT学院向全球在校大学生传递华为ICT理念与产品知识，鼓励大学生参加华为职业技术认证，在全球范围内为社会及ICT产业链培养创新型和应用型技术人才。

目前，华为ICT学院在全球分布超过300家合作大学和院校，每年为ICT产业链培养人才超过万名。在推进信息产业发展这件事上，华为正在成为培养ICT人才的播种者。华为ICT学院通过产教融合，建设开放、合作、分享、共赢的平台，促进了人才生态链的形成与联动。

任正非指出，华为非常愿意把多年来在ICT产业中积累的经验、技术、人才培养标准等贡献出来，输入高校的人才培养机制中，成为人才培养的"指南针"，为企业、合作伙伴、社会培养和输送人才。

2018年3月，华为正式推出"华为生态大学"计划，致力于打造中国数字化转型的人才引擎，这也标志着华为ICT人才生态建设进入了全新的阶段。华为希望借助"生态大学计划"及产学研各方的力量，共同促进ICT前沿领域的创新，培养贴近产业需求的创新型和应用型技术人才，同时，为合作伙伴提供一站式的能力提升服务，帮助它们建设合理的人才梯队，实现可持续发展。

2018年5月，华为与北京大学光华管理学院签署战略合作协议，双方将在创新研究、人才培养和教育信息化等方面开展深入合作，共同推动ICT前沿领域的创新和人才生态建设，培养具有数字化领导力的新一代企业领导者，构建世界一流的教育信息化体系。

华为的新员工入职后都要进行封闭式培训。华为打破过去以授课为主的新员工培训体系，总结出独特的新员工培训的"721"法则：70%通过实践学习，20%通过导师帮助，10%通过课堂学习。确立了这个法则之后，华为就此调整了新员工培训模式，将培训的重点放到了实践中。

华为的培训讲师都拥有丰富的实践经验和良好的知识结构。他们讲课富有激情，语言简练、风趣、幽默，有很强的感染力，能够有效地调动学员的积极性，课堂气氛非常活跃。他们讲课深入浅出，能将自己的管理心得以一种轻松、愉快、诙谐、幽默的方式传授给学员。在教学过程中，他们寓教于乐，以体验、参与、互动式的教学方式，让学员在学中练，在练中学。他们所举的案例生动、操作性强，课程设计简单、有效。

华为新员工的全方位的培训既包括对不同潜质的员工进行专门的培训，又包括对不同岗位的员工进行针对性的培训，这种目的明确的培训使新员工能够更客观地认识自己，据此对自己进行新的规划。加之华为的培训及时完美地切入，员工自身的特点就会被逐渐放大，企业的可持续发展也自然而然地在这个过程中得以实现。

在有凤的地方筑巢

很多企业为了吸引人才，不遗余力筑巢引凤。而任正非却反其道而行之，主张"在有凤的地方筑巢，而不是筑巢引凤"。

2016年岁末，任正非与北京大学教授陈春花、华为管理顾问田涛面对面交流，在谈到华为引进国际人才时，任正非说道：

华为前20年走向国际化，以中国为中心走向世界；华为后20年实现全球化，以全球的优秀人才为中心建立覆盖全球的能力中心，辐射全球。能力中心的布局和建设将会持续下去，它们会逐渐补足各专业组织的能力。因此，华为坚持打开边界，与世界握手，把能力中心布局在人才聚集的地方，"在有凤的地方筑巢，而不是筑巢引凤"，引进了一大批国际化管理人才和顶尖技术人才。

因为离开了人才生长的环境，凤凰就变成了鸡，而不再是凤凰。因此，我们在全球寻找优秀人才，找到人才后围绕他建一个团队，不是一定要把他招到中国，这叫"机构随着人才走，不是人才随着机构走"。华为规定，跨国招聘应遵循属地化管理原则。在遵从当地法律的前提下，当地用人需求优先考虑在当地聘用，做到人才在哪里，华为就在哪里。

华为的微波技术全球领先，就是因为华为从意大利挖来了一个"牛人"——隆巴迪。

隆巴迪是意大利著名的微波研究专家。因为他，华为把微波研究中心设在米兰。

2004年，隆巴迪在西门子工作，负责将微波产品卖给华为，用于华为在柬埔寨的一个项目。不久，隆巴迪参观了华为深圳总部，去了"高大上"的F1展厅，见识了深圳的工厂，特别是看了华为的发展轨迹后，一下子感觉华为并不是一般意义上的中国公司。他认为，华为负责生产制造的员工很少，负责研发的员工占了非常大的比例，这样的华为更关注长远的创新和发展。

回去后，隆巴迪在西门子内部做了一个报告，告诉同事："华为作为一家跨国公司，虽然它的规模还比较小，但在将来几年甚至数月内，我们就能看到它的壮大发展。"

2008年夏天，隆巴迪成为华为的一员，并全权负责华为米兰微波研究中心的筹建。他利用一切机会和资源向业界专家介绍华为和微波发展平台，还把与他共事过的、在业界具有10年甚至20年以上成功经验的专家都拉到了华为，组建了微波专家核心团队。

目前，米兰微波研究中心是一个拥有50多人的专家团队，取得了丰硕的研究成果，引领微波行业的前沿技术，成为华为微波的全球能力中心，占据了全球最大的微波市场份额。

南橘北枳，一个橘子生长在南方叫橘，生长在北方叫枳。任正非认为："人才的产生是需要环境的，一个人的创新能力与他在哪个环境的关系很大。"

华为之所以在米兰建微波研究中心，是因为米兰有微波的产生环境，有人才、产业环境和高校资源。米兰是全球知名的微波之乡，诸多知名公司如西门子、阿朗、爱立信在米兰都设有微波研发和销售机构。同时，该地有米兰理工大学等高校，人才资源丰富，微波的产学研生态系统也完整。

隆巴迪和他的团队在这样的环境里，与别人喝咖啡的时候就能得到各种信息。如果他们离开米兰到了中国，会怎么样？中国没有微波的产业环境，他连喝咖啡都不知道与谁喝。这正是任正非主张"在有凤的地方筑巢，而不是筑巢引凤"的原因。人才在哪里，资源在哪里，华为就在哪里，道出了华为引进全球优秀人才的秘诀。

用最高的薪酬，找最优秀的人才

任正非对于人才一直求贤若渴，爱才如命，坚持用最高的薪酬，找最优秀的人才，不惜代价争夺未来人才的机会窗。

任正非说："得人才者，得天下。"华为在对待人才方面，是用真金白银说话的，其人才的薪酬待遇在科技行业是最高的。华为曾为应届毕业生开出高达201万元的年薪。

任正非认为："华为能发展，首先是科技行业给了我们机会，我们抓住这个机会后，又引进了很多人才。我们把这些人才用好、把他们激励起来后，又获得了产品的开发，生产出了产品，最后获得更大的机会。"

这是一个变革巨大的时代，也是一个伟大的时代，谁也无法看清楚5年以后的行业和机会，但这又意味着我们拥有巨大的机会和潜力。这一切的不确定性，都需要优秀的团队来面对和管理。

在任正非看来，"竞争的本质从来都是人才的对抗。美国之所以强大，关键在于美国拥有适合人才成长的土壤和机制。所以，华为要向美国学习，要破格提拔优秀人才，要敢于吸收全球的优秀人才"。

华为为了吸引全球更多的人才加入，打破了组织的边界，包括合作的边界、地理的边界和文化的边界。

任正非提醒华为的干部："现在我们和美国赛跑，到了提枪马上战场的时候。我们一定要把英雄选出来，没有英雄就没有未来，英雄犯了错就下去，改了再上来。我们要改变用人的格局和机制，要敢于团结一切可以团结的人。我们唯一的武器是团结，唯一的战术是开放。我们整体情况是好的，整个公司嗷嗷叫，不怕谁。我们有能力自己站起来，不做亡国奴。我们要不断研究，加强国际交流，不断开放思想。只有敢于敞开心胸、容纳人才，我们才有未来！"

笔者潜心研究华为23年，发现华为的商业模式其实非常简单，它就是一家经营人才的公司，而人才的成功又不断地创造出华为源源不绝的竞争力。这就形成了一个良性循环，让华为建立了不可阻挡的势能，哪怕是面对美国的阻挠，近20万华为人的势能也是勇往直前的。

任正非指出，"如今又到了华为布局未来的时候，要不惜代价地拥抱机遇，面向世界广纳顶尖人才。世界的第二次人才大转移已经开始，所以，华为一定要抓住这次历史机遇，争取发展和未来"。

在任正非看来，华为要打赢未来的技术与商业战争，技术创新与商业创新双轮驱动是核心动力。创新就必须有世界顶尖的人才，这样才能够充分挥发才智的组织土壤。为此，华为在2019年启动了"天才少年"和"顶尖人才"计划，规定"天才少年"和"顶尖人才"的最低年薪为89.6万元，最高年薪为201万元。未来，针对天才少年或将开出更具吸引力的薪酬。仅2019年一年的时间，华为就从清华大学、中国科学院、香港科技大学等学校招来8名天才少年，所涉及的课题包括人工智能、操作系统等领域。

钟钊就是华为所招的8名天才少年之一，他是中国科学院自动化研究所的博士生，攻读的专业是"模式识别和智能系统"。钟钊的导师在接受媒体采访时，谈到华为用201万元高薪纳英才一事，连呼："我的学生刚毕业，到华为工作就能拿201万元的高薪，让我羡慕不已！"

任正非表示："我们首先要用顶级薪酬吸引顶尖人才，在不久的未来，我们相信华为会焕然一新，全部换枪换炮，一定要打赢这场不见硝烟的战争。"

而打赢战争靠的就是人才。显然，经济竞争和科技竞争，归根结底是人才的竞争。

任正非认为："未来，华为要拖着这个世界往前走，自己创造标准。只要成为世界最先进的公司，那我们就是标准，别人都会向我们靠拢。"

华为的"天才少年"招聘计划，目的是把世界上的顶尖人才吸引到华为，让这些顶尖人才像"泥鳅"一样，钻活华为的组织，激活华为的队伍。正如任正非所说："华为没有可以依存的自然资源，唯有在人的头脑中挖掘出大油田、大森林、大煤矿。"

谈钱是对员工最好的尊重

任正非从不忌讳与员工谈钱。他说："我希望我的员工能够对钱产生饥饿感。"他直白地表现出对金钱的渴望："华为之所以要艰苦奋斗，就是为了挣更多的钱，让员工分到更多的钱，让员工及其家人过上高品质的生活。"

1998年，任正非在员工大会上问台下的员工："你们知道2000年以后，华为最大的问题会是什么？"

当时很多人都回答"不知道"。

任正非笑呵呵地说："是钱多得不知道怎么花。你们家买房子的时候客厅可以小一点，卧室可以小一点，但是阳台一定要大一点。还要买一个大耙子，天气好的时候别忘了经常在阳台上晒钱，否则你的钱全发霉了。"

当听到这话时，员工们都只是呵呵一笑，把它当成一个美好的心灵安慰而已。但是谁能想到在十几年后，很多人真的有了坐北朝南带阳台的房子。而且他们的工资几乎是行业内最高的，他们的奖金也是最丰厚的。和国内的其他同行相比，他们真的成了不缺钱的一群人。

任正非说："钱分好了，管理中的大部分问题都解决了！"

为了分好钱，华为建立了科学、合理的薪酬制度和激励机制，与员工共同分享公司的发展成果。

在华为员工的收入中，除了工资和奖金，股份分红占了相当大的比重，不少员工一年能获得几十万元甚至上百万元的股份分红。2017年，华为员工股份分红总额达到168亿元，持股员工人均可分得21万元。任正非通过分享利益，凝聚了员工。那时，他还不懂期权制度，更不知道西方的公司在这方面很发达，有多种形式的激励机制。他仅凭自己过去的挫折，感悟到应与员工分担责任，分享利益。

任正非是一个最实在的老板，他懂得人性，给员工分钱的时候眼睛都不眨一下。在华为，你永远不用担心干了活拿不到钱，更不用担心老板会拖欠你的工资和奖金。员工只管心无旁骛地奋斗、冲锋，无论何时，任正非从不缺少对华为员工的关心，从不吝于提高优秀人才的待遇。

现在许多中国的公司要求员工改变工作态度——多干活，少拿钱。华为却不一样，它一个劲儿地激励员工多挣钱，改变自己和家庭的命运；多追求发展机会，尽情开发自己的无限潜能；多争取荣誉，提升自己的境界和格局。

令华为不少老员工深有感触的是，薪水涨得很快，有人一年涨了7次工资，还有人一年涨了11次……

任正非说："不奋斗、不付出、不拼搏，华为就会衰落！拼搏的路是艰苦的，华为给员工的首先是苦，但苦中有乐，苦后有成就感，收入有提高，员工对公司的未来就更有信心。"华为的薪酬制度就是要把懒人、庸人挤出去，给优秀员工涨工资。任正非还说："华为要给员工分足够多的钱，他一个人就能让全家过上优越的生活。只有这样，全家人才会叮嘱他好好干，员工带着全家人的期望和重托工作，自然就更有干劲了。"

在任正非看来，做企业和打仗是一个道理，打下的地盘越多、缴获的战利品（利润）越多，大家能分到的战利品就越多，队伍就越有战斗力。

任正非也与员工谈愿景、谈战略、谈理想，但他从来不空谈，而是在谈这些的同时与员工谈钱。因为"谈钱是对员工最好的尊重"。华为舍得给员工分钱，甚至给员工超出预期的钱，这才是一家公司最能体现情怀的地方。

任正非明白一个道理：你愿意舍财，别人就愿意追随你。要管好知识型员工是很困难的，任何单一的举措都很难奏效，所以激励知识型员工要从人性出发，符合人性发展需求。

很多老板，张口闭口与员工谈情怀、谈理想、谈奉献，就是不谈钱。可以说，华为成功很重要的一个因素就是任正非懂得与员工共同分享公司的发展成果，舍得给钱。这样不仅留住了众多优秀人才，使各路人才的聪明才智得到充分发挥，还"养"出了最有狼性的团队。

第3章

干部培养与选拔：将军是
打出来的

我们要从实践中选拔干部，"将军"是打仗打出来的，不是写文章写出来的。华为的专家也不是培养出来的，是在实践中磨炼出来的。

——任正非

华为干部"之"字形成长

华为在干部培养与选拔上提倡"之"字形成长，干部任职3年就要进行岗位调整。例如，研发部的干部去市场部，去供应链部，去采购部，干部必须经过多个业务领域的历练。

任正非曾这样阐述干部循环流动和"之"字形成长的重要性："过去我们的干部都是'直线'形成长，对于横向的业务什么都不明白。所以，现在我们要加快干部的'之'字形成长。因为直线成长起来的干部缺少足够多的多岗位实践历练。但是，干部的'之'字形成长路线，只适合高层管理者和一部分综合性专家，不适合基层员工和干部。"

任正非认为："如果干部一直在某个体系中直上直下，从一条线上成长起来，其思维难免会有局限性，遇到问题很容易出现本位主义思想，考虑问题也可能会片面。如果干部在研发、财经方面做过管理者，又在售前、一线做过项目，拥有较为丰富的工作经历，那么他在遇到问题时，就会运用全局思维，能端到端、全流程地考虑问题。"因此，任正非一直鼓励华为干部循环流动，让优秀的、有视野的、意志坚强的、品格好的干部走"之"字形成长道路，培养大量的帅才和将才，形成一个有力的作战群。干部不循环流动就会出现板结，会让机关和现场脱节，如果形成阶级，华为迟早会分裂。

"轮岗制"是华为实行的一种体验式的"之"字形提升方式，它分为业务轮岗和岗位轮岗。业务轮岗如让研发人员去搞生产和服务，让他真正理解什么叫产品；岗位轮岗如让中高级干部职务发生变动，职务变动有利于公司管理水平的提升，形成均衡发展，同时有利于优秀干部的快速成长。

任正非倡导干部"之"字形成长，就是让他们脱离舒适区，不断适应变化，培养多方面的技能，从而激发个人和组织的战斗力。

华为干部的"四力"

任正非不懂技术，也没有特殊的客户关系，但善于用人。30多年来华为培养和选拔了2万多名优秀干部。

2019年5月5日，任正非以总裁办电子邮件的形式转发了题为《任正非谈管理：正职5能力，副职3要求，华为接班人，就要这么选》的文章。文章明确指出，华为干部应该具备四种能力：成功的决断力、正确的执行力、准确的理解力、人际交往能力。

1. 成功的决断力

决断力主要包括两个方面：一是具备战略思维，洞察市场、商业和技术规律，善于抓住主要矛盾及矛盾的主要方面；二是承担战略风险，在风险可控的范围内，抓住机会，勇于开拓，敢于决策和承担责任。

2. 正确的执行力

正确的执行力指的是公司的战略制定之后要去执行，理解之后要去大力落实。执行力就是要拿出结果，要打胜仗。

3. 准确的理解力

准确的理解力指的是敏感的商业洞察和深刻的技术理解，了解业务的本质。一个干部都听不懂你在讲什么，那他怎么去执行，怎么能做好呢？

4. 人际交往能力

人际交往能力指的是人际交往方面具有开放性，光明磊落，善于沟通，与客户打成一片。干部必须与周边的人、自己的上下级、自己的客户有很好的连接能力，如果缺乏这种连接能力，是做不好领导岗位的。

干部仅具备准确的理解力，可以做机关的干部；具备正确的执行力，可以做部门的副职；具备成功的决断力，可以做部门的一把手。要加强中层干部的执行力，高级干部的决断力，华为的干部除了要具备以上四种能力，还要善于自我批判，这样的人才能做大事。

不善于自我批判、找不到自己的缺点和问题的干部，就不能再提拔。为什么呢？因为他已经没有发展的空间。他找不到自己的缺点，意味着他的发展空间只有这么大，再大一点他都不能胜任。在选拔干部上，我们各级组织都要注意这个问题。

将军如果不知道自己错在哪里，就永远不会成为将军。如果知道自己过去什么错了，哪次错了，怎么错的，这就是他的宝贵财富。将军是不断从错误中总结，从自我批判中成长起来的。

华为干部的这四种能力是任正非管理思想的印证和体现。知人善任，才能人岗匹配，先知人，再善任。人，重在识别个人的能力素质；任，就是岗位以及背后的职责。"有为才有位"，公司在选拔干部的时候，要更看重个人的素质。

中层要有危机感，高层要有使命感

人的本性是贪婪的、懒惰的、懈怠的、好逸恶劳的。任正非坚持以奋斗者为本，积极营造"基层有饥饿感、中层有危机感、高层有使命感"的工作氛围，让员工始终远离安逸享乐的工作状态，激发员工的生命活力，使员工长期保持艰苦奋斗的工作状态，从而锤炼出一支敢打仗、能打仗、打胜仗的华为铁军。

1. 让基层有饥饿感

任正非说："让基层有饥饿感，就是让员工有企图心，有挣大钱的愿望。对于一线的营销人员更是如此，培养他们对奖金的渴望、晋级的渴望、成功的渴望，在这一点上企业要从舆论上、政策上给予充分的引导及支持。"

任正非毫不讳言饥饿感的氛围导向。他认为："对于金字塔底部的大量基层员工，'按劳取酬，多劳多得'是最现实的工作动机。"

为什么华为人总能表现出超出常人的活力和能量？原因就在于员工始终有一种饥饿感。

任正非说："企业的活力除了来自目标的牵引、机会的牵引，很大程度上是受利益驱动的。"企业的经营机制，说到底就是一种利益驱动机制。价值分配系统必须合理，使那些真正为企业做出贡献的人才得到合理的回报，企业才能具有持续的活力。

"存天理，顺人欲"，华为的价值设计充分遵循了这一规律。饥饿感构成了基层员工的狼性精神，舍此，任何高调的宣传都是虚妄的。

2. 让中层有危机感

任正非说："让中层管理者有危机感，就是让中层管理者有强烈的责任心。什么是责任心？就是以实现企业目标为中心，对工作高度投入，追求不懈改进，向周边提供更多更好的服务。"

在华为，作为中层管理者，如果凝聚不了队伍、完不成任务、斗志衰退、自私自利，那就对不起，你将很快被调离、被降职。但经过一段时间，你的工作激情提升了，各方面的考察都合格了，你就可能重新得到提拔。华为干部能上能下、优胜劣汰的机制让一大批优秀的年轻人得到提拔重用，中层管理者丝毫不敢懈怠，否则，就会被淘汰出局。

任正非从历史发展规律中深刻认识到，一个组织的太平时间越长，危机意识越弱，生存能力就越差，最后一定走向寂灭。因此，才会有华为1997年的"市场部集体大辞职"事件以及2007年"7000名干部集体大辞职"事件。虽然外界对于这两起事件褒贬不一，但任正非向中层管理者的太平意识宣战，营造危机感的决心从没有改变过。

3. 让高层有使命感

任正非说："让高层有使命感，就是让高层干部有事业心。什么是使命感？就是有钱也干，没钱也干，我就是爱干这活儿。"

任正非认为，使命感是团队领导者最重要的驱动因素。处于高层管理岗位的干部应该是一群对事业充满使命感的人，这种使命感会使其具有持久的工作热情和高度负责任的工作态度，具有使命感的人才能够自我激励和激励他人。

在逆境中，使命感可以支持领导者永不放弃地带领他的团队循着胜利的微光前行；在顺境中，使命感可以支持领导者带领他的团队不断地挑战自我，追求卓越，而不会因"小富即安"的意识放弃更大的成功机会。

任正非说："我们牺牲了个人、牺牲了家庭、牺牲了父母，就是为了一个理想——站在世界的最高点。"

华为通过评定"蓝血十杰"来追认有历史贡献、有使命感的干部，通过评定"明日之星"来促使未来涌现更多有使命感的干部，通过轮值董事长制度来强化高层干部的使命感。

任正非强调指出："华为要坚持从成功实践中选拔干部，打造富有高度使命感与责任感，具备战略洞察能力、决断力与战役的管控能力，崇尚战斗意志、自我牺牲和求真务实精神的干部队伍。要大胆提拔有使命感、责任感、危机感，为华为做出贡献的员工，把升官的机会留给他们。"

华为之所以取得巨大的成功，可以说和它强大的干部队伍密不可分。这是一支名副其实的、具有使命感的钢铁队伍。

正职要敢于进攻，副职要精于管理

任正非对干部的能力要求有一个独到观点："正职必须要敢于进攻，是狼的标准；副职一定要精于管理，是狈的行为。"

任正非讲道：

我们要合理地调整我们挑选干部、培养干部的方法。如何选好部门正职与副职，正职与副职是否可以有不同的选拔标准与培养标准？

正职要敢于进攻，那些文质彬彬、温良恭俭让、事无巨细、眉毛胡子一把抓，而且越抓越细的人是不适合做正职的。

副职至少要精于管理。大大咧咧的人，是不适合做副职的。副职一定要通过精细化管理实施组织意图，这就是"狈"的行为。

正职必须清晰地理解公司的战略方向，对工作有周密的策划，有决心、有意志、有毅力，富有自我牺牲精神，带领团队不断实现新的突破。这就是"狼"的标准。

因此，华为在评价正职时，不一定要以战利品的多少来评价，而要对其关键事件过程中体现的领袖色彩给予关注。

在任正非看来，华为后备干部建设比什么都重要，后备干部建设的目的就是把那些既有决心、有意志、有能力又懂管理的人提升到管理岗位上，而且不论资排辈。任正非强调："我们的干部要尽快成长起来，既能攻城，又能守城。"

任正非总是可以把苦涩的管理理念通过更容易让人理解的方式表达出来。因为他的想法不但来自华为的实践，而且带着"任氏"的个人哲学。

一家公司，如果只有创始人是行家里手，注定难以做大做强。唯有实现不同层级干部的"人岗匹配"，才能产生神奇功效。

宰相必起于州部，猛将必发于卒伍

"宰相必起于州部，猛将必发于卒伍"是任正非选拔干部的原则。意思是华为的干部一定要来自基层，没有基层成功实践经验的人是不能被选拔成为干部的，华为的很多干部都是从基层一步一步成长起来的。

任正非在2015年发表过题为《将军是打出来的》的演讲，他在演讲中指出：

华为的所有人才必须出现在最接近客户的一线，包括研发部门，优秀的管理人才也是从基层业务中干出来的，不能从机关中提拔干部，没打过仗的人是不能被提拔的。

公司干部选拔没有年龄、资历的标准，只以责任结果贡献为考核标准。金一南将军讲美国军队，美国军队是世界上有文化的军队，西点军校录取的是高中生的前10名；美国安纳波利斯海军军官学校录取的是高中生的前5名……所以美国军官都是美国最优秀的青年。

美国军队的考核很简单，不考核学历和能力，只考核"上没上过战场，开没开过枪，受没受过伤"，所以美国军队是最能作战的。他们先学会作战，再学会管理国家。将来我们也要学习美国军队的考核方法。

以前，华为人力资源部的考核方法太复杂：考核能力，填很多无用的表格。这样浪费了巨大的时间。这就是在非战略机会点上消耗了战略竞争力量。

现在，人力资源部的考核方法已经在改革：以责任结果为考核导向。考核表格也会发生变化。要看是不是攻下了"上甘岭"，怎么胜利的，还有什么不足？

华为现在三分之二的中高层干部都做过与市场相关的工作，三分之一的中高层干部都做过与研发相关的工作，所有高管不是做过市场工作就是做过研发工作。由此看出，华为优先在成功项目和成功团队中选拔干部。

例如，一个在非洲打了"胜仗"的干部，可能有机会被提拔到欧洲去担任重要岗位。欧洲是一个主战场，这个从非洲艰苦地区干出来的干部，他还需要主动学习和持续成长，否则可能无法胜任欧洲的全球化管理工作。从影响公司发展的关键事件中，可以观察出一个干部的战斗力。在风险可控的情况下，敢于决断且决断效果持续很好的干部可以被提拔为一把手，不敢决断的干部可以做副职、做机关干部。

华为在提拔干部时推崇赛马文化，它会提拔在竞争中跑在最前面的，因为这是导向，就像奥运会一样，金牌的荣耀激励着大家都去争夺第一名。这样一来，组织的战斗力就提升了，团队的效率和个人的能力就都提高了。正如任正非所说："我只关注最前面的人，这样后面的人就会紧跟着前面的人。"

任正非十分重视对华为中高层干部的培养，他把公司的关键岗位梳理出来，这些关键岗位的干部每三年就要进行岗位轮换。在岗位轮换的过程中会遇到困难，有些干部可能不太想继续成长，而新岗位、新业务需要不断学习、不断提升能力，因此压力会比较大。如果干部不愿意去新的岗位，可以在老地方待着，但位置可能不稳，因为会出现更能干的人。

2017年，任正非在接受采访时说："愿意成长的中高层干部，公司支持他们的成长。"华为的中高层干部都需要去各种岗位进行锻炼，不断接受新的挑战。

任正非的人才观是："要从实践中选拔干部，一个专家如果不能创造价值，不能为公司赚钱，还算什么专家呢？专家是工程商人、技术商人，能为公司创造价值的，才是真正的专家。"

华为海思总裁何庭波毕业于北京邮电大学，硕士研究生。何庭波于1996年加入华为，从一名普通的工程师做起，做到华为的高级工程师、总工程师、中研基础部总监、华为芯片业务总工程师、海思研发管理部部长、"2012实验室"副总裁、华为董事会成员。何庭波没有任何家庭背景，完全是靠自己的努力一步一步走上华为海思总裁的位置的，他被任正非誉为"华为女强人"。华为手机搭载的麒麟芯片都出自海思。

对于华为人来讲，在复杂多变的市场中时刻都要面临艰巨挑战，时刻都要准备进入冬天。要想经得住种种考验，华为必须对干部严格要求，选拔出一批真正具备战斗能力的管理人才，这样华为才能始终在市场中占据一席之地。

华为所认可的干部，思想高度固然重要，但是思想高度并不能决定一切。华为向来看重实践，强调理论层面的成就并不代表实践层面的成就。在华为，想担任干部的首要条件便是必须经历过基层的工作锻炼，拥有丰富的实践经验。

任正非非常推崇英国企业的管理体制。他认为，英国企业的分级管理制度井井有条，是值得学习的，所以，他将英国企业的分级管理制度借鉴过来，并加以改进。在干部的任免上，华为同样运用了严格的分级管理制度。

在华为，无论你是硕士、博士还是博士后，无论你从什么名牌学校毕业，如果没有基层的工作经验，那么公司总会对你挑挑拣拣。没有当过营销人员、车间工人或者基层秘书的人，都不太可能被提拔。换句话说，凡是没有基层工作经验的人，一律不能被提拔为干部，哪怕是博士也不行。

客观事实总是强过主观臆想，一个人专业理论知识再丰富，也仅限于理论层面而已。就好比你让一个学者去实践他的理论一样，你会发现有很多理论是无法实践的，这也正是为什么人们一直坚信实践是检验真理的唯一途径。一个人的学历不管有多高，在学校学习了多么高深的学问，如果他不会运用于实践，对公司而言就毫无用处。人只有通过在基层的磨炼与实践，才能发挥出所学的特长。知识只有经过被合理地运用才可能转化为生产力。所以，华为的干部必须在基层摸爬滚打后才能走上管理岗位。

华为的高级干部，每一个都来自基层，实践经验丰富。即便已经坐上了高层的位置，他们仍然在努力奋斗。有许多高级干部甚至没有节假日，平时几乎没有私人时间，手机必须24小时处于开机状态，以便随时随地处理出现的问题。随着华为日益走向国际化，这些来自基层的高级干部经常要在深夜开会，讨论问题。

华为并不像其他国际化大公司一样拥有稳固的市场地位、人脉和品牌，也没有任何资源可以依赖。他们能够走到今天，靠的就是艰苦奋斗的企业文化和一些能够在主战场、基层和艰苦地区吃苦的干部。这些干部在别人休息或喝咖啡时仍然忙于工作，正是他们的坚持付出，才成就了今天的华为。

华为干部选拔的八项原则

在干部选拔上，华为强调责任结果导向、强调成功实践经验、强调会带团队。在此基础上，敢于破格提拔。在人才发展方面，坚持用选拔机制牵引人才发展，并对选拔上来的人进行培养。

以下是任正非制定的华为干部选拔的八项原则：

1. 坚持从有成功实践经验的人中选拔干部

华为强调要从有成功实践经验的人中选拔干部，反对纸上谈兵。有成功实践经验的人，一般都具有一定的方法论及领导能力，经过培养，他们很容易吸收公司的管理方法。

任正非认为，"华为未来最大的危机还是干部员工队伍的惰性。内部合理化的目标，就是激发组织活力，让队伍不畏艰险去冲锋，干部一定要有成功的实践经验"。

2. 大仗、恶仗、苦仗出干部

任正非强调："我们就是要在艰苦地区培养和选拔干部。一些在艰苦国家和地区工作的干部，如果在市场方面做得称职，我们就不要虚位以待，要让他上。华为的干部要从那些愿意干的人中选拔。所以，在不同地区工作的干部要采取不同的选拔、甄别方式。文化素质较高的员工，应到基层去，到艰苦的工作中去取得成功。大仗、恶仗、苦仗一定能出干部。总部机关、产品体系部门都要派后备干部到艰苦地区锻炼，在艰苦环境中成长，华为要在'上甘岭'培养和选拔干部。"

3. 在关键事件中选拔核心员工

公司核心员工是公司在发展过程中，面对危机或重大内外部事件时可以信赖和依靠的员工群体。

核心员工的选拔，应首先考察其在关键事件中表现出的忠诚度。华为重视员工在如公司经营出现危机，公司需要采取战略性对策，公司实施重大业务和员工管理政策调整，公司业务发展需要员工牺牲个人短期利益等关键事件上的态度和言行。公司核心员工必须在关键事件中表明鲜明的立场，敢于为公司利益而坚持原则。

4. 机关干部必须到海外去锻炼

华为坚持让机关干部到海外去锻炼，机关干部要长期待在国外，完成全项目的工作。

华为在监控有效的条件下，尽力精简机关，坚定不移地把一部分机关干部派到能直接创造价值的岗位上去。任正非认为："让不懂战争的人来指挥战争，成本一定会高。总部机关的干部一定要对自己的服务业务有成功的实践经验，并具有快速准确、任劳任怨的服务精神与服务能力。机关的员工也一定要有服务业务的实践经验。"

华为总部机关逐步从管控中心转变成服务中心、支持中心。机关要精简副职，副职以下干部要转成职业经理人，总部不再从机关副职中选拔正职。任正非强调："干部的选拔，一定要有基层成功的实践经验。什么叫指挥中心建在听得见炮声的地方？就是项目的指挥调控权应当在前线，机关只起服务作用。

5. 注重实绩，竞争择优

华为在选拔人才上注重实绩，竞争择优。那些做不好本职工作的人，也做不好更重要的工作。

在华为，每个员工都可以通过努力工作以及在工作中增长才干，从而获得职务或任职资格晋升的机会。与此相对应，保留职务上的公平竞争机制，坚决推行能上能下的干部管理制度。

华为遵循人才成长规律，依据客观公正的考核结果，建立对流程负责的责任体系，让最有责任心的明白人担负重要的责任。华为不拘泥于资历与级别，按公司组织目标与事业机会的要求，依据制度性甄别程序，对有突出才干和突出贡献者实行破格晋升。

任正非强调："是千里马都拉出来赛跑，跑得最快的前25%留下来交给有关部门考察素质，看看'牙齿'啊，看看'蹄口'啊。该选谁就选谁，但必须在跑得快的千里马里面选。"华为的人才选拔文化是一个赛马文化，在地区部专业业务骨干的选拔上，也会给"小马"们一些机会。当然包括代表处的存量维护的专家队伍，也可以通过"赛马"产生。

6. 优先从成功团队中选拔后备干部

华为坚持在英勇善战、不畏工作艰苦的员工中选拔后备干部，但这并不意味着"上甘岭"会自然产生"将军"。任正非说："一屋不扫何以扫天下？一个人领导一个小团队都不能成功，如何领导一个大团队？我们不以成败论英雄是针对整个大势而言的，而对基层干部，在其本职工作范围内不能与团队一起成功，我们是不能加以肯定的。"

7. 培养敢于抢滩登陆的勇士

任正非强调："华为要培养一大群敢于抢滩登陆的勇士，这些人会不断激活我们的组织与干部体制。尽管抢滩登陆的勇士不担负向纵深方向发展的任务，但当勇士成长后，也会成为向纵深方向发展的战役家。"

敢于抢滩登陆的就是勇士，如果想让勇士向纵深方向发展成为将军，华为要对其中选拔出的25%的勇士进行培训，培训后进行筛选，最终将筛选出的8%左右的勇士推荐到干部后备队。那些进入干部后备队的勇士，公司要给他们机会去实践。那些经过素质训练还达不到素质目标的勇士，也应视为公司的英雄，给予荣誉称号。当然，英雄不一定是"将军"。

8. 以全球化的视野选拔干部

华为未来需要什么样的干部？在任正非看来，未来公司需要的干部是对市场有深刻洞察力和"宽文化背景"的人。

什么是"宽文化背景"？

任正非认为，"宽文化背景"就是"大杂烩"，知识面广，什么都要懂一点。干部要有"宽文化背景"，干部之间要进行必要的循环，这是学习宽文化的好机会。大胆、开放、积极地引入外籍CFO、外籍专家，与华为的优秀青年组成混合团队，建设财经领域的"混凝土"组织。

任正非指出："让有为的员工走上合适的管理与专家岗位。过去，华为的管理不够开放，使一些优秀人才的才华得不到充分发挥，欢迎他们回来，与我们一起奋斗。"

管理者就像战场上的"将军"一样，不能让士兵服从的"将军"打不了胜仗。在华为，任正非一直主张"让听得见炮声的人来呼唤炮火"，这一点对华为很关键。现在，一些公司走入误区，老员工长期得不到重用，公司宁可从外部高薪挖人，也不愿给忠于自己的老员工加薪。这种公司文化，会伤害老员工的积极性，导致人心涣散，使公司各项工作的推进受阻。

华为基于"干部是自己打出来的"的选拔理念，逐步形成了在成功实践中选拔干部、在关键事件中考察干部、在战斗中磨砺干部的干部管理机制，打造出一支具有高度使命感和责任感、敢于担当、勇于牺牲、能引领组织前行的"火车头"队伍。华为明确干部是业务发展与组织建设的火车头，担负着传承价值观、发展业务、构建组织、带领与激励团队的使命与责任。

要想升官，先去"蓝军"

任正非是军人出身，他把部队与红蓝对抗的机制带到了公司管理中。所以在华为有两个特殊的部门，一个是红军部，另一个则是蓝军部。这两个部门成立于2006年，隶属于公司战略Marketing体系。

2013年11月26日，任正非在公司战略分析会上的讲话引发外界关注。除了"有一天我们会反攻进入美国的"这种吸引眼球的话，他特别提到了华为的"红军"和"蓝军"，由此，"潜伏"了十多年的两个神秘部门进入了公众的视野。

任正非在讲话中指出："'蓝军'扮演假想敌部队，当战争来临时，'红军'抵御蓝军的入侵。'蓝军'的作战方法是出人意料的，这就给'红军'带来了很大的威胁。因此，只有经常与'蓝军'打交道才不会打败仗，强大的'蓝军'使'红军'在演习中不断进步。"

这种作战模式起源于第二次世界大战时期。当时，英国陆军元帅伯纳德·劳·蒙哥马利让一些军官学习德国陆军元帅埃尔温·隆美尔在非洲和欧洲的作战模式，体验其作战思维，然后让他们从埃尔温·隆美尔的角度对盟军的计划进行评估。

华为成立蓝军部的目的是什么？

"蓝军"的职责是对抗"红军"的执行战略和方案，考虑清楚未来三年怎么打倒华为。

在一个公司里，专门成立一个部门研究如何打败自己在很多人眼里是件不可思议的事情，但这正是华为的打法。

任正非曾在内部讲话时明确指出："我们在华为内部要创造一种保护机制，一定要让'蓝军'有地位。'蓝军'可能胡说八道，有一些疯子，敢想、敢说、敢干。'蓝军'与'红军'博弈之后，我们要给'蓝军'一些宽容，你怎么知道蓝军不能走出一条路来呢？"

任正非举例说："世界上有两个防线是失败的，其中一个是法国的马其诺防线。法国建立马其诺防线来防御德国进攻，但德国不直接进攻法国，而是从比利时绕到马其诺防线后面，那么这条防线就失败了。所以，我认为防不胜防，我们一定要以攻为主。攻就要重视'蓝军'的作用，'蓝军'想尽办法否决'红军'，就算否决不掉，'蓝军'也是动了脑筋的。"

华为蓝军部怎么开展工作？

"蓝军"主要采用逆向思维，从不同的视角观察公司的战略与技术发展，论证"红军"战略、产品、解决方案的漏洞或问题。模拟对手的策略对抗红军，甚至提出一些危言耸听的警告。通过这样的自我批判，为公司董事会提供决策建议，从而保证华为一直走在正确的道路上。

"蓝军"要想尽办法否定"红军"。等到"红军"和"蓝军"打得差不多的时候，任正非来做最后的决定。其实，这个时候往左走往右走已经不那么重要了，华为要的是一个方向。

简而言之，"蓝军"就是为"红军"而生，"蓝军"就是"红军"的假想敌、反对派。这正是任正非建立"蓝军"的真实意图。

2008年，任正非在《华为研委会第三季度例会上的讲话》中提到，在研发体系中也可以组成一个"红军"和一个"蓝军"，"红军"和"蓝军"同时干，"蓝军"要想尽办法打倒"红军"，千方百计地钻"红军"的空子，挑"红军"的毛病。

按照任正非的解释："蓝军就是想尽办法否定红军。不要怕有人反对，有人反对是件好事。"

关于蓝军部的组织逻辑。任正非说，有些人特别有逆向思维，挑毛病特别厉害，那么就把他培养成为"蓝军"司令，"蓝军"司令可以是长期固定的，但"蓝军"战士是流动的。

华为的蓝军部也是人才培养基地。任正非曾经说："要想升官，先到'蓝军'去，不把'红军'打败就不要升司令。同样，'红军'中的司令如果没有'蓝军'经历，也不要再提拔。你都不知道如何打败华为，说明你已到天花板了。"

为了培养战略型人才，任正非让"蓝军"和"红军"的人员进行轮换。过一段时间把原来"蓝军"中的战士调到"红军"中做团长。"红军"中的司令以后也可以从"蓝军"的队伍中产生。

华为蓝军部是怎么发挥作用的？

"蓝军"著名的战功之一，便是阻止华为出售终端业务，成功扭转华为终端的命运。

2007年，苹果推出了划时代的产品iPhone。虽然当年包括诺基亚在内的手机厂商都没有当回事，但是"蓝军"却敏锐地意识到形势正在发生变化，终端将会起到越来越重要的作用。为此，"蓝军"在当年做了大量的调研工作。

2008年，华为开始跟贝恩等私募基金谈判，准备卖掉终端。此时，华为"蓝军"指出：未来的电信行业将是"云、管、端"三位一体，终端决定需求，放弃终端就是放弃华为的未来。

最后，任正非拍板保留了终端业务。此后，华为终端消费者业务的营收，约占华为总营收的50％以上，超过了华为赖以生存的运营商业务的营收。这说明蓝军部当时的判断是正确的。

另外，随着华为成为全球智能手机市场的头部玩家，华为"蓝军"开始拿着放大镜查找华为手机存在的瑕疵，这也是华为蓝军部发挥作用的表现。

2015年，华为有一款手机因为在高温环境测试时，出现了胶水溢出的情况。尽管其概率仅为千分之几，但"蓝军"评估后，否决了这批手机的上市决定。虽然华为因此损失了9000多万元，但是维护了华为手机的品牌形象。

华为的"蓝军"从不同的视角观察公司的战略与技术发展，采用逆向思维，审视与论证"红军"的战略、产品以及解决方案的漏洞或者问题。并模拟对手的策略，指出"红军"的漏洞或者问题，在技术层面寻求产品的颠覆性和差异化。"红军"要过硬，"蓝军"要凶狠。成立蓝军部，除了当好"蓝军"，更重要的是帮"红军"找到破敌之道。

当干部是一种责任，这七类人不能提拔

干部强则公司强。任正非对华为干部提拔的标准非常严格，他强调："当干部是一种责任，这七类人坚决不能提拔为干部，否则后患无穷！"

第一类：无能者。任正非认为，有些干部没有水平，整天开会。

为什么整天开会？就是干部无能，拿不定主意。华为要换掉一批这样的干部。

华为的会议多，参加会议的人也多，会议时间也长。当会议超过一定数量时，干部要被问责，并汇报会议多的原因。而且，会议来回的飞机票要自己承担，会议期间的工资要停发。

第二类：明哲保身者。华为一定要清楚明哲保身的人。华为给了员工很好的利益，于是，有人认为千万不要丢了这个位子，千万不要丢了这个利益。凡是要守住自己利益的人，华为要免除他的职务，因为他已经是变革的绊脚石。

明哲保身和捂盖子的干部，要逐步降为处理事务的一般办事员。他们就是以损害公司利益为代价的，这种人怎么能当干部呢？

第三类：没有自我批判能力者。华为不能提拔被动型人才，虽然允许你犯错误，但是不允许你被动。

对没有自我批判能力但自以为是的人，就要一票否决，不能往上提。就是说你要知道自己错在哪，这样的人才能提拔成干部。

第四类：找不到自身问题者。找不到自身的缺点和问题的干部，就不能再提拔了。因为他已经没有发展的空间了。任正非认为，在干部提拔方面，华为各级组织都要注意这个问题。将军如果不知道自己错在哪里，就永远不会成将军。将军是不断从错误中总结，从自我批判中成长起来的。

第五类：无基层实践经验者。华为坚定不移地加强干部管理，提拔的干部必须拥有基层实践经验。一切没有基层实践经验的干部，一律不得提拔和任命。

没有基层实践经验的人不能直接当干部，没有基层实践经验的干部要被冻结调薪和饱和配股，要补基层实践课。在三年之内没有半年基层实践经验的干部也算无基层实践者。华为不能让不懂战争的人坐在机关里指挥战争。

此外，没有项目管理经验的人，华为不能让他们升官。因为升官后，他们会形成官僚主义，会把部下搅得翻天覆地。所以，华为要号召所有管理干部到基层去实践，去解决问题。

第六类：注重个人成就感者。任正非强调："有基层实践经验的人才能当干部，注重个人成就感的人不能当干部。"

德国军事理论学家和军事历史学家卡尔·菲利普·戈特弗里德·冯·克劳塞维茨在《战争论》中说过一句话："要在茫茫的黑暗中，发出生命的微光，带领队伍走向胜利。"任正非很欣赏这句话。

在战争中，将领的作用是非常重要的，将领思想上的光芒，会在队伍陷入困境、艰难无助时激励队伍走出茫茫的黑暗，乃至走向光明。

然而在公司中，任正非认为，作为团队领导，更重要的是把自己的部下源源不断地培养成"英雄"，而不是自己当"英雄"，所以，团队领导要淡化个人成就感。

实际上，华为也是从"英雄时代"一步步走过来的。

华为刚创立时，不过是一个只有6个人的小公司。随着各部门出现了大量的"英雄"，推动了华为事业的迅速发展，奠定了华为的基业。

那时，为了让公司快速发展，任正非鼓励员工积极发挥个人才干，争当华为各部门的"英雄"。华为的很多高级管理者就是在那时涌现的。

随着华为不断壮大，公司内部的治理就不能再单凭激情和热忱了，更多的是需要制度和理性。

那时的任正非已经敏锐地觉察出华为在管理方面的问题，便开始认真思索个人与公司之间的关系。于是，任正非不再把"英雄"挂在嘴边，他考虑更多的是如何使华为成为一家能够长久发展的公司。

2000年，为了使华为的高级管理者进一步了解领导者的职责，任正非组织华为高级副总裁以上级别的管理者进行考试，以"如何有效地治理公司"为题目进行命题作文。多次考试不合格的高级管理者，将有可能被降职。

任正非希望通过这样的考试，使那些在"英雄时代"涌现的高级管理者重新转变思想。从充当"个人英雄"改变为积极培养更多的"英雄"，从而支撑华为的可持续发展。这意味着如果华为还有人没有从"个人成就感"里走出来，他将失去发展的机会。

任正非淡化英雄主义色彩，希望将华为逐渐发展为职业化管理的公司，组建起依靠流程和职业能力进行管理的团队。

第七类：缺乏责任心者。华为会间接让那些文过饰非、粉饰太平的干部下岗。干部缺少责任心和敬业精神是从自私自利开始的。华为要生存下去，干部就永远不能怠惰，永远不能腐败。

在华为，缺少责任心和敬业精神的干部仍然存在。因此，华为需要继续整饬。在这个问题上，所有部门、所有员工，都应该认真地思考。

任正非指出："我们每一位干部，都要加强修养，防微杜渐，严格管束自己，才会有发展的前途。自己要好，与自己相处较好的朋友要好，自己的部下也要好，才能带动整个风气的转化。我们坚定不移地反对不良风气在华为的发生与蔓延，我们要求员工做到的自己必须先做到。"

任正非认为，在华为当官要理解为一种责任，要牺牲个人欢愉的选择，要做出更多奉献的机会。当官才知责任大，才知担子重。只有肩负重任，继往开来，才会豪情满怀。

第4章

激活组织：打造骁勇善战的 华为铁军

企业首先必须有宏大的远景蓝图和明确的战略目标，以便给予员工动力和方向，激发大家团结一心，为实现远景目标而努力。

——任正非

以奋斗者为本，不让雷锋吃亏

华为有一个最基本的准则，就是"以奋斗者为本，不让雷锋吃亏"。《华为基本法》第五条规定："华为主张与客户、员工、合作者结成利益共同体，努力探索按生产要素分配的内部动力机制。"

"不让雷锋吃亏"最早是任正非于1994年在《致新员工书》中提出的，历经数次修改，不同的时间和不同的发展要求给了其不同的文化细节，但最核心的"奋斗和奉献"永远是支撑华为持续发展乃至傲立世界的力量源泉。

在华为，一丝不苟地做好本职工作就是奉献，就是英雄行为，就是雷锋精神。华为作为一个高新技术企业，由此打造出了自己的奋斗文化，也由此将自己引向了巨大的成功。

任正非说："我们呼唤英雄，不让雷锋吃亏，本身就是创造让各路英雄脱颖而出的条件。英雄行为与雷锋精神的核心本质就是奋斗和奉献。英雄和雷锋也没有固定的标准，其标准是随时代变化的。在华为改变自己命运的方法，只有两个——努力奋斗和做出应有的贡献。"

任正非指出："我们没有任何稀缺的资源可以依赖，唯有艰苦奋斗才能赢得客户的尊重与信赖。奋斗体现在为客户创造价值的任何微小活动中，以及在劳动的准备过程中为充实提高自己而做的努力中。我们坚持以奋斗者为本，使奋斗者得到合理的回报，只有这样员工才愿意当'雷锋'，只有艰苦奋斗才能活下去。"

2014年7月，任正非在一次内部讲话中再次强调，"在这个时期，我们首先要坚定不移地贯彻干部的末位淘汰制。现在我们强调代表处代表和地区部总裁要实行末位淘汰制，大家要比增长效益。其次一定要坚持从战略贡献中选拔出各级优秀干部"。

任正非特别提到，华为的干部获得提拔的充分必要条件有两条，既要使所在部门盈利，又要有战略贡献。"如果你不能使这个代表处产生盈利，我们就会对你实施末位淘汰制；如果你能产生盈利，但没有做出战略贡献，我们也不会提拔你。"

任正非表示，华为才开始实行获得分享制，现在工资、奖金的分配有可能不公平，可能有些地方分得很多，有些地方分得很少，但是华为慢慢就会摸到合理的线在哪里。他强调，华为价值评价标准不要模糊化，要坚持以奋斗者为本，多劳多得。

怎样做才能不让雷锋吃亏？

"不让雷锋吃亏"的关键是企业要构建有活力的机制，建立一套科学的评价体系和科学的绩效管理体系。

华为将员工划分为三类——奉献者、打工者、偷懒者。人力资源是一个动态的选择。在一个不好的机制下，如果奉献者（投入大于回报）老是吃亏，他就会反思，对自己的行为产生怀疑，进而减少自己的投入，使投入与回报在低层次相等，他就变成了打工者（投入等于回报）。同样，打工者也会向偷懒者（投入小于回报）转变。结果是，奉献者变成了打工者，打工者变成了偷懒者，最后大家都偷懒了，没有付出和贡献。

因此，华为构建了一个"不让雷锋吃亏"的好机制，让奉献者得到更合理的回报，奉献者拿得多，打工者就会因为羡慕而向他们看齐。偷懒者将会受到惩罚，他们只有两个选择，要么离开公司，要么增加投入将自己变成打工者或奉献者。让小人不得志，让好人不吃亏，这样的公司就有了正气和正义。

一个有活力的机制，关键是对员工利益进行调整，让奉献者得到合理的回报，让雷锋不吃亏，就会涌现出更多的雷锋。任正非说："华为绝对不让雷锋穿破袜子。你为公司做出了贡献，我就给你体面的回报。这样就是用制度培育雷锋，而不是用道德培养雷锋。"

任正非的高明之处在于，他把考核制度从"人评价人"转为"制度评价人"，这样就避免了考核当中存在的腐败。制度评价人，就是定性评价与定量评价相结合，由此判断这个员工属于哪类人，是奉献者、打工者，还是偷懒者。

为此，华为除了考核个人，还考核部门，要弄清楚奉献的部门、打工的部门和偷懒的部门各是哪些部门。解决了这些，薪酬问题就变得简单了，也就实现了从给"人"发工资到给"事"发工资的转变，从以前的给工龄、学历、职称发工资，到现在的给绩效发工资，这样就将钱用到了刀刃上，发多少都不冤枉。

任正非强调："不奋斗，不付出，不拼搏，华为就会衰落！拼搏的路是艰苦的，华为给员工的好处首先是苦，但苦中有乐，苦后有成就感，有收入提高，对公司未来更有信心。快乐建立在贡献与成就的基础上，关键是让谁快乐？企业要让价值创造者幸福，让奋斗者因成就感而快乐。如果一个企业让懒人和庸人占着位子不作为，不创造价值的人、混日子的人都快乐，这个企业离死亡就不远了！"

华为的薪酬制度就是要把平庸的人挤出去，减人、增产、涨工资、给荣誉。华为员工除了丰厚的工资、奖金和股票分红，还有很多精神奖励，比如荣誉嘉奖，让更多员工愿意做雷锋，这样才会有更多的雷锋出现。

国内外有很多企业可能都很容易做到竞争性的薪酬待遇，即从物质角度激发员工的积极性，但往往最容易忽略在企业面临危急时刻更显重要意义的精神激励。精神激励是一项深入细致、复杂多变、应用广泛、影响深远的工作，不仅考验人力资源管理对员工心理需求的把握，更多的是引导员工建立一种与企业共同认可的集体奋斗文化。

"以奋斗者为本，不让雷锋吃亏"的分配准则，给华为注入了强大的生命力，使华为的组织力量因此而无坚不摧。一个"胜则举杯相庆、败则拼死相救"的铁血团队就是在这样的土壤里培育出来的。

钱分好了，管理的一大半问题就解决了

2015年，笔者问任正非平时最重要的工作是什么。他不假思索地回答："20多年来，我最重要的工作就是选人用人、分钱分权。把人才用好了，把干部管好了，把权分好了，钱分好了，管理的一大半问题就解决了。"

任正非解释说："分钱不仅是财富分配，还包括基于责任与结果导向的权力分享，以及成就感、荣誉感的共享。"

任正非曾这样评价自己："华为发展到今天，我自己没做什么实质性的贡献，如果一定要说有什么贡献，就是华为在分钱的问题上我没有犯大的错误。"

由于"分钱分得好"，在华为历史上从未发生过因"分配不公"而出现组织内讧、大面积的消极情绪使得团队分裂的现象。与此同时，多劳者、贡献者"升职加薪"的干部晋升机制，在华为也一直贯彻得比较好。

"分钱"是华为"获取分享制"的基本内容，是一种符合人性的动力机制。笔者在《华为知识员工管理之道：用好人，分好钱》《任正非：成就员工就是最好的人性管理》两本书中专门介绍了华为的分钱机制和分钱方法，对民营企业管理具有深刻的启示意义。

华为的"分钱机制"是广义的，它包括对钱、权、荣誉的分配，即分钱、分权、分名，共享成就感。

1. 分钱

华为的分钱机制，解决了员工对工作回报的需求。员工持股制度是"获取分享制"制度设计的核心。

华为员工除了享有优于同行业的薪酬，工作满三年还拥有公司股权，每年都有可观的分红。

对华为员工来说，工资只是零花钱，高额的奖金和分红才是大头。所以，华为的虚拟股一直被员工视为"摇钱树"。这是华为拥有强大的内部凝聚力的核心机制，即所谓"人人做老板，共同打天下"。

2. 分权

分权是一种激励机制，通过权力的分配来激励员工，解决员工工作成效的问题。

任正非在华为内部实行充分放权、授权，把决策权根据授权规则授给一线团队，要求一线由"听得见炮声的人来决策"。

华为的分权激励机制集中体现在其董事长制度（2018年以前叫轮值CEO）上。该制度在国内是独创，这需要企业家具有非常高的智慧和格局才可以做到。

华为设定了很多头衔或职务，以及明确的职位描述和评价机制。这里面最为关键的一点是，针对这些职务，任正非会进行充分授权。比如，公司有董事会，下设四名副董事长，若干董事和监事长、监事等。同时，公司还设有各类委员会，包括战略委员会、薪酬委员会、财务委员会、审计委员会、风险管理委员会等。能够进入这些委员会的员工，不仅意味着获得权力的分配，也意味着公司的一种认可。

任正非在华为没有决策权，只有否决权。但至今，他从未动用过否决权。他把权力分配给核心高管，以及各种首席专家、各个事业部总裁、各区域或系统部总裁等，这些头衔在华为都有实质性的权力。

华为的运营商业务、消费者业务、企业业务、云业务四大业务集团，都有能独当一面的好手。他们有职有权，能很好地贯彻公司的战略意图，很好地执行华为的价值主张，使各方面业务都保持了稳健增长。

华为内部有一句话：凡是华为认定的事情，很少失败。比如华为的手机业务，从零起步，在短短七年内，华为就发展成全球第二大智能手机厂商。关键是，华为各个业务版块负责人手握人、财、物等实权，可以根据市场变化，快速响应客户和消费者的需求。

华为这种权力分配的方式，一方面让员工有成就感，另一方面使员工的工作更有成效，从而带来了非常显著的激励效果。

华为是一家知识密集型的企业，95%以上的员工都接受过大学教育。任正非认识到，知识型劳动者在追求财富自由度的同时，也有着强烈的掌控欲、权力欲，权力是他们实现个人成就的工具和拐杖。所以华为也是一家权力充分释放、充分开放的公司，一大批20多岁的年轻人都走上了领导岗位。

目前，在华为员工中，45%是技术研发人员，其中有1万多名博士，3000多名各领域的专家。华为在海外设有17家研发中心，有2万名员工被派驻世界各地，是全球各类组织中研发人数最多的公司。在华为员工中，52%是"85后"，60%的部门经理是"85后"，70%的研发专家是"80后"，在市场部门有30%是"85后"。在华为市场部门担任驻外代表的员工中，41.4%是"85后"，他们管理的业务规模达到10亿~100亿元。

华为的分享制度设计的最高层面，是使命和愿景的认同。任何卓越的组织都必然有宏大的组织使命与愿景，"华为的愿景与使命是把数字世界带入每个人、每个家庭、每个组织，构建万物互联的智能世界"。这也正是近20万华为人在全球170多个国家和地区长期奋斗的巨大精神力量。

一位驻非洲某国的不到30岁的华为代表说："每当我看到如此落后的国家的人民，他们拿着手机在尘土飞扬的马路上打电话，内心就升腾起一股巨大的自豪感，这个国家的通信网络是我和我的弟兄们一起建设的，是华为公司和合作伙伴们一起建设的。"

华为的分享制度设定了"以奋斗者为本"的宗旨。奋斗者与一般意义上的劳动者是有区别的，华为概念中的奋斗者是有方向的，这个方向就是客户，客户是企业价值创造的唯一源泉。

人只有感知自己的渺小，行为才开始伟大。正是因为任正非舍得放权，才使得各路诸侯的聪明才智得到充分发挥。任正非的分享理念让我们理解到一个人的渺小，让我们清晰地明白在一个巨大变化的环境中，只有认识到个人的局限，并借助组织的力量，才能与环境紧密互动，而这也是任正非能够驾驭变化、驾驭人性的核心。

3. 分名

分名，是一种荣誉的激励。华为专门设立了荣誉部，华为首任荣誉部部长由公司党委书记兼任，由此可以看出，任正非对奖励的重视程度。

荣誉部的职责就是组织开展评奖工作，鼓舞员工的工作热情和创新精神，提高工作效率。华为每年都开展声势浩大的表彰会，对优秀员工进行表彰奖励，华为内部称之为"荣誉激励"，其本质就是"分名"。

华为的荣誉称号也是丰富多样的，如"蓝血十杰""明日之星""金牌员工""从零起飞奖""天道酬勤奖""优秀行政服务奖"等50多个奖项。而且奖牌都由著名的造币公司设计制作，跟"奥运会金牌"一样精美。奖牌名称非同一般，如"小士兵奖章""凤凰勋章""贝尔奖章"等，含金量高，颁奖仪式十分隆重，具有仪式感。

任正非指出："我们最重要的就是把千军万马调动起来，充分发挥员工的潜能，推动一种新的井喷。表彰要舍得花钱，别抠门。要使奖励形式多样化，奖牌要高级，让人一辈子得到鼓舞。发'明日之星'奖牌，可以搞一个仪式，要强调仪式感，要让人记得住。仪式与勋章创造荣耀感，荣耀感可以激发出更大的责任感与使命感，所以在发奖的时候要正式一点、光鲜一点、欢跃一点，给人一生记忆。"

在一年一度的表彰会上，发奖会发到头晕，拿奖会拿到手酸，鼓掌会鼓到手痛。晚会结束后，经常看到手抱奖杯或奖牌、步态不稳、处于亢奋状态的喝高的人在找什么——在找北。华为奖项之多堪称中国企业之最，甚至可以申请吉尼斯世界纪录。

华为精心设计每一个奖项，以及相应的评选标准。比如，金牌分为个人金牌奖和团体金牌奖，设置的目的是激励持续为公司的商业成功做出重大或突出贡献的个人或团队，是公司授予员工的最高荣誉性奖励。

金牌评选的标准：金牌个人奖是每100人中评选出一人，金牌团队奖是每400人中评选出一人。

"天道酬勤奖"设置的目的主要是激励长期在外艰苦奋斗的员工，其评选对象多为在海外累计工作了10年以上的员工，或者是在艰苦地区连续工作6年以上的员工，或者是承担全球岗位的全球流动累计10年以上的员工。

"蓝血十杰"奖是华为管理体系建设的最高荣誉奖，旨在表彰那些为华为管理体系建设做出历史性贡献的个人。忘记历史，就没有未来。华为通过对员工给予"蓝血十杰"荣誉，让更多的人铭记历史，并在"蓝血十杰"精神的感召下，努力建立一个严格、有序而又简单的管理体系，支撑华为多打粮食。

华为还有一个面向未来的"明日之星"奖。该奖项设计的目的，主要是营造人人争当英雄的文化氛围。有人的地方就有英雄，因此，华为对"明日之星"的评选并不追求完美，并且主要针对那些刚入职不久的员工。只要他们身上表现出闪光点，只要他们表现出符合华为价值观的一些行为，就可以参加民主评选，其覆盖率可以达到80%以上。

"金牌员工"奖是奖励为公司持续成功做出重大和突出贡献的团队和个人，是公司授予员工的最高荣誉。"金牌员工"奖每年年底评选一次，由任正非和其他高管亲自颁奖，获得"金牌员工"奖的员工还可以与任正非合影留念。

2018年，一位获得"金牌员工"奖的员工激动地对笔者说："我在华为工作8年了，首次与任总合影，这是我一生的荣幸，比我拿100万元奖金还要高兴！"

在心声社区的"荣誉殿堂"版块上，分别展示"蓝血十杰""金牌团队""金牌个人""明日之星"获奖者的风采。

精神激励为员工提供了真正的动力之源，因为华为带给他们的不仅是高薪，而且是更加宽广的发展舞台以及自由发挥的空间。而这些正是刚刚大学毕业、怀揣远大理想的年轻人所需要的可以证明自己的舞台，为此他们可以奋不顾身、不屈不挠。

除了这些荣誉称号，华为还把职权晋升作为对员工的奖励。在华为，职位不单是权力的象征，也是收入的象征。随着职位的提升，员工获得的收入也会相应增长，是真正的名利双收。"英雄不问出处，奉献必有回报"，这就是华为能够吸引并留住人才的重要原因。

任正非说："在华为，良好的氛围是华为宝贵的财富。"其实在良好的氛围中工作，本身就是一种奖励。有员工表示，这种满意感和成就感正是华为吸引他的主要原因。

分钱分得好，员工有干劲。华为是一支让竞争对手望而生畏的虎狼之师，30多年来一直充满了强悍的战斗力和凝聚力，其根源就在于悬在近20

万人头顶的核心价值观有金子般的价值。华为从创立至今，它的价值观始终能够兑现为沉甸甸的财富、权力和荣耀。

俗话说："上下同欲者胜！"作为人性大师，任正非对人性的洞察无疑是成熟的、深刻的。30多年来，他在华为最重要的工作就是"分分分"，分什么？分银子，分位子，分面子。近20万名知识型员工一起共享财富、权力和荣誉，其结果就是近20万名知识型员工的战斗力和凝聚力所带来的发展奇迹。

方向大致正确，组织充满活力

"方向可以大致正确，组织必须充满活力。"这是任正非于2017年在上海战略会议上提出的管理思想和发展逻辑。这句话很精辟，概括了他灰度管理思想的精华。

当时，对任正非的这句话，内部有很多人不理解，难道华为的方向不完全正确？对此，任正非解释道：

首先，这里的方向是指产业方向和技术方向。我们不可能完全看得准，做到大致准确就很了不起了。其次，在方向大致准确的前提下，组织充满活力非常重要，是确保战略执行、走向成功的关键。华为的方向是产业方向和技术方向，技术发展快速迭代，产业替代层出不穷，即使是行业龙头，也是暂时的，无法完全准确预测未来的方向，所以方向只能是大致正确。正是没有办法在方向上完全正确，所以组织必须充满活力，确保战略的执行以及纠偏，才能走向成功。

一个公司做到方向大致正确，其实是件非常不容易的事情。成功追求的关注点是努力达到并超越优秀标准的做事过程，因此任正非这个观点中的"方向"，必然是专心做事的方向，而不是被他所鄙视的揣摩心思"会做人"的方向，后者是权力追求的关注点。

成功追求必须坚持实事求是、求真务实，有美好的愿望但是不脱离现实。用任正非的话说，就是"真正的现实都是不完美的，这是必须接受的客观事实。无论心中的愿望多么美好，从不完美的现实出发，是每一个奋斗者的必由之路。我们做任何事情的方向都不可能从一开始就完全正确，也不可能从一开始就能够准确地看清楚结局"。任正非的观点表达了他对客观现实的尊重与认可。

尊重客观现实，就不会被"前知五百年，后知五百年"的夸张宣扬所迷惑，也不会徒劳地醉心于"一步到位"的虚幻境界。成就追求的做事原则是改进与提高，虽然认可现实不完美，却不会止步于不完美，而是要不断地向完美靠拢，这是"方向可以大致正确"的真谛之一。

华为是一个非常务实的公司，这种提法也具有很强的现实意义。任何一个公司在成长过程中，不可能时刻要求方向完全正确，这是不切实际的。很多公司在做战略分析和预测时，基本上都是以史为鉴，用"倒视镜"看未来，所以不可能绝对正确。

从生物学的角度来看，生物进化也是一种大致正确。从单细胞到多细胞，从水生到陆生，从猿到人，进化过程就像树杈不断展开新的分支，最长的那一根是现代人的进化过程。哪个种群更能适应环境，更具有活力，就越容易占领进化的制高点。

未来智能化的社会，会出现更大的不确定性。混沌理论指出任何微小的反应都可能引起整个系统的巨大变化。对于企业来说，制定战略很重要，但如何在不断变化中推动战略执行更为重要。选择通常不是"是与非"，往往是"似是与似非"。《哈佛商业评论》曾经有一篇文章《如果你对自己的战略很有把握，那它可能有漏洞》提出，战略抉择必然包含不安和恐惧。

在方向只能大致正确的情况下，组织充满活力就极为重要了。任正非这样形容企业发展：战略就像龙头，要抬起来，这就是方向，要大致正确，更重要的是，龙身子要舞起来，要有力，这样整条龙才能活起来。对于公司，尤其是大公司来说，组织活力极为关键。

华为在2001年从固网向无线转型时，就是一种大致的正确，但转型过程面临着巨大的技术难题。当时的华为一度十分煎熬，但最终能够转型成功靠的就是组织强大的执行力和战斗力，队伍的斗志和活力让组织活了下去。在很多产品和市场策略上，华为摔了一个又一个跟头，小灵通失误，CDMA失误，印度市场摔大跟头，欧洲市场登陆战被人赶下过海，但最后的成功是因为华为通过一系列方式和手段，激活组织和组织中的人，从而让整个组织活了下来。

华为手机业务的发展更是如此。当时华为内部主张把手机业务卖掉，但任正非没有同意，让余承东大胆地试一试。后来，余承东只用了七年时间就把华为手机做到了国内市场占有率第一，世界第二。如果不是美国制裁，华为手机在2020年就能做到世界第一。

为什么华为手机成功了呢？首先是方向大致正确，终端智能化、关注体验、技术引领是未来的方向，这个就像龙头，然后整个组织保持活力和激情，不断前进。

组织活力不仅是员工层面的，更重要的是管理层面的，决策的制定、落实、调整都要开放，都要保持活力，并且要自我批判。一个公司随着规模扩大，大公司病就会出现，如机构冗余、决策缓慢、响应不及时、部门墙等，这种情况下的组织活力在不断丧失，而华为近些年一直推动的"熵减"就是去大公司化、增加组织活力的探索。从世界范围来看，华为的组织管理已经进入"无人区"，结果如何，只能让时间来证明。

不断地接近完美，就是要在行动中不断摸索，不断校正，不断向正确方向靠拢，方向的正确度在行动中不断震荡提高。

笔者认为，任正非所说的"方向可以大致正确"，绝不仅仅停留在"大致正确"，而要在行动中无限接近百分之百的正确。不在空室中冥想，不空谈误国，这是"方向可以大致正确"的重要精华。

让听得见炮声的人来做决策

2009年1月16日，任正非在华为销售体系颁奖大会上讲话时提出，"让听得见炮声的人来做决策"，这一观点在企业界广受推崇。

任正非讲道：

美军在阿富汗的特种部队，以前前线的连长指挥不了炮兵，要报告师部请求支援，师部下命令炮兵才开炸。现在系统的支持力量超强，前端功能全面，授权明确，特种战士一个通信呼叫，飞机就开炸，炮兵就开打。前线三人一组，包括一名信息情报专家、一名火力炸弹专家、一名战斗专家。他们互相了解一点对方的领域，如紧急救援、包扎等都经过训练。当发现目标后，信息情报专家利用先进的卫星工具等确定敌人的集群、目标、方向、装备……火力炸弹专家配置炸弹、火力，计算出必要的作战方式，其按授权许可度，用通信呼唤炮火，完全消减了敌人。

"让听得见炮声的人来做决策"是任正非从美国特种部队的作战方法中总结出来的。美军在阿富汗的特种部队分为多个作战小组，每个小组三人，彼此互相了解。假如发现敌人，战斗专家负责警戒，保护小组成员的安全；信息情报专家快速确定敌人的数量、位置和装备；火力专家根据信息情报专家提供的信息来配置最合适的火力，按照规定直接向后方下达作战命令。

命令下达后，美军的炮火会覆盖整个目标区域，瞬间消灭敌人。授权范围按照炮火的成本来定，例如，当一次作战的炮火成本低于5000万美元时，前线可不经上级批准，直接下达作战命令。

为了保证"让听得见炮声的人来做决策"授权机制的运行，华为于2011年对研发等后方机构进行了改革，以适应管理模式的转变，加强了流程化和职业化建设，同时加强了对监控体系科学合理的运用。

任正非曾说："我们后方配备的先进设备、优质资源，应该在前线一发现目标和机会时就能及时发挥作用，提供有效的支持，而不是拥有资源的人来指挥战争、拥兵自重。"显然，让听得见炮声的人来做决策，是华为具备强大执行力的关键。

公司越发展，业务越复杂，管理层越要看到自己在整体组织运行中的支持作用，而不是替代作用。这就要求管理者处理好权力分散与集中的关系。

第一，权力责任平衡原则。这里所指的是老板要权责匹配，即有多大的权，就要负多大的责。对于被授权的人，一定要敢于行使权力，同时又要承担相应的责任与义务。

第二，掌握适当超脱原则。超脱指的是从具体工作中脱出身来，给自己多留一些休闲和思考的时间，让自己显得轻松一些和自由一些。掌握适当超脱的艺术，那么每位老板都能张弛有序地做好管理工作。

第三，根据实际变通原则。权力分配的基本方式不过数种，但相辅相成，变化多端。身为老板应灵活变通，当用则用，当变则变，或因时而用，或因事而变。

第四，层级幅度合理原则。老板在权力分配时，应该根据自己的能力等因素全面考虑，确立适度的层级与合理的幅度，以实施有效的领导和管理。

决策的失误，是最大的失误。如果无法从市场、技术前沿获得精准的第一手信息，那么决策就会失去科学性和有效性。常年在外征战，让任正非深刻认识到了华为营销的弊端。他曾这样总结道："谁来呼唤炮火？应该让听得见炮声的人来决策。而现在我们恰好是反过来的。机关不了解前线，但拥有太多的权力与资源，为了控制运营的风险，自然而然地设置了许多流程控制点，而且不愿意授权。过多的流程控制点，会降低运行效率，增加运作成本，滋生了官僚主义及教条主义。"

当年，华为北非地区部努力做好客户界面，以客户经理、解决方案专家、交付专家组成的工作小组，形成面向客户的"铁三角"作战单元，有效地提升了客户的信任，较好地满足了客户需求，完成了良好有效的交付和及时的回款。

北非地区部为华为管理者提供了一条思路，就是把决策权根据授权规则授给前线团队，后方起保障作用。如此一来，流程优化的方法就和过去不同了，流程梳理和优化要倒过来做，即以需求确定目的，以目的驱使保证，一切为前线着想，就会共同努力地控制有效流程点的设置，从而精简不必要的流程，精简不必要的人员，提高运行效率，为生存下去打好基础。

长期以来，华为的组织和运作机制是"推"的机制，现在要将其逐步转换到"拉"的机制上，或者说是"推""拉"结合、以"拉"为主的机制。推的时候，是中央权威的强大发动机在推，一些无用的流程和不出功的岗位是看不清的；拉的时候，看到哪一根绳子不受力，就将它剪去，连在这根绳子上的部门及人员一并减去，那么公司的效率就会有较大的提高。

当然，任正非也提出了警告："当然，炮火也是有成本的，谁呼唤了炮火，谁就要承担呼唤的责任和炮火的成本。显然，后方变成系统支持力量，必须及时、有效地提供支持与服务，以及分析监控。公司机关不要轻言总部，机关不代表总部，更不代表公司，机关是后方，必须对前方提供支持与服务，不能颐指气使。"

多年来，任正非乐意重用刚出校门的学生，因为他们单纯执着、充满激情、不怕吃苦、最肯牺牲，并真诚地相信华为的产品是最好的。在华为的销售人员当中，刚出校门的学生往往比拥有销售经验和丰富人生经历的人做得更成功。

"我要保证前线的人永远充满激情和活力！"任正非说。对一线人员期望如此之高，源于华为奉客户关系为至上。对于在非市场化环境中杀出来的华为，这是适者生存的秘籍，并被华为发扬到极致。

研究表明，企业规模越庞大，组织机构也就越复杂。基层出现了某个问题，需要经过多层系统才能反映给最高决策者或相关负责人。可怕的是，当领导者做出决策后，往往已经耽误了解决问题的最佳时机。由此可见，许多时候在决策与执行之间存在着无法逾越的鸿沟。

事实上，前线员工往往更加了解问题或事情的症结所在，因为他们战斗在前沿，是真正负责执行的人。企业想要确保高效执行，并在第一时间解决各种问题，就应给一线人员更多决策的权力，充分发挥他们的积极性和创造性，让真正接触炮火的人解决问题，维持组织的良性运行。

行伍出身的任正非总是喜欢用军事术语来描述华为的运行机制，他所说的"让听得见炮声的人来做决策"，一是要让真正了解客户需求的前线员工能直接从总部配置人力、物力等资源，更好、更直接地为客户服务，满足客户需求。二是要下放权力，让前线人员参与到决策中来，让"听得见炮声的人来呼唤炮火"。同时，高层必须"听得见炮声"，了解前线的真实情况（客户需求），立即做出决策，快速响应客户需求。

力出一孔，利出一孔

"力出一孔，利出一孔"是任正非管理思想的重要组成部分，他将这两个词作为华为发展壮大的文化基石。

任正非在2013年的新年献词中讲道："大家都知道水和空气是世界上

最温柔的东西，因此人们常常赞美水性、轻风。但大家又都知道，同样是温柔的东西，火箭可是空气推动的，火箭燃烧后的高速气体，通过一个叫拉法尔喷管的小孔扩散出来的气流，产生巨大的推力，可以把人类推向宇宙。像美人一样的水，一旦在高压下从一个小孔中喷出来，就可以用于切割钢板，可见'力出一孔'的威力。"

任正非进一步解释道："华为是平凡的，我们的员工也是平凡的。过去我们的考核，由于重共性、轻个性，不注意拉开适当的差距，挫伤了一部分努力创造的人，有许多优秀人才也流失了。但剩下我们这些平凡的15万人，25年聚焦在一个目标上持续奋斗，从没有动摇过，就如同是从一个孔喷出来的水，从而产生了今天这么大的成就。这就是'力出一孔'的威力。我们聚焦战略，就是要提高在某一方面的世界竞争力，从而证明不需要什么背景，也可以进入世界强手之列。同时，我们坚持'利出一孔'的原则。我们知道我们管理上还有许多缺点，我们正在努力改进，相信我们的人力资源政策，会在'利出一孔'中越做越科学，员工越做干劲越大。我们没有什么不可战胜的。如果我们能坚持'力出一孔，利出一孔'，下一个倒下的就不会是华为，如果我们发散了'力出一孔，利出一孔'的原则，下一个倒下的也许就是华为。"

"力出一孔，利出一孔"是什么意思？

"力出一孔"是指把所有的资源集中起来做好一件事情，即业务聚焦。华为坚持聚焦管道战略，无论是"云、管、端"的战略还是进军消费者业务和云业务市场，都是沿着信息管道进行整合和发展的，并千方百计满足客户的需求。

任正非指出："我们坚持'利出一孔'的原则。我们从最高层到执行层的全部收入，只能来自华为的工资、奖励、分红，不允许有其他额外的收入。从组织上、制度上堵住了从最高层到执行层的为个人谋私利的行为，通过关联交易掏空集体利益的行为。多年来，我们基本是'利出一孔'的，也因此形成了15万人团结奋斗的局面。"

为了让干部长期保持艰苦奋斗，保持活力，对抗怠惰，抵制腐败，华为定期举办干部作风宣誓大会，中高层宣誓要自律反腐。

2005年，华为通过了《华为董事会自律宣言》，并通过制度化宣誓方式层层要求所有干部杜绝内部腐败。

任正非每年亲自带领董事会全体成员举行自律宣誓大会，明确提出："我们像双翼的神马，飞驰在草原上，没有什么能阻挡我们前进的步伐，唯有我们内部的怠惰与腐败。公司最大的风险来自内部，因此必须保持干部队伍的廉洁自律。华为一直秉承诚实与合乎商业道德的原则来开展业务，对内部腐败行为采取零容忍。你如果贪污1万元，我就是花100万元也要把你查出来！你如果敢贪一块钱，我也一定会把你开除掉！"

2014年华为内部反腐，有116名员工因收受贿赂被带到查处，其中4名干部移交司法处理，涉及69家经销商，收缴非法所得3.74亿元。任正非把3.74亿元平分给那些遵纪守法的员工，每人2500元的奖励。

"力出一孔，利出一孔"出自管仲《管子·国蓄》中的一句话："利出于一孔者，其国无敌；出二孔者，其兵不诎；出三孔者，不可以举兵；出四孔者，其国必亡。"意思是经济权益由国家统一掌握，这样的国家强大无敌；分两家掌握，军事力量将削弱一半；分三家掌握，就无力出兵作战；分四家掌握，其国家一定灭亡。先王明白这个道理，所以杜绝民间谋取高利，限制他们获利的途径。因此，予之、夺之决定于国君，贫之、富之也决定于国君。这样，人民就拥戴国君有如日月，亲近国君有如父母了。

凡将治国，不懂得轻重之术，就不能组织经济之"笼"来控制民间；不能够调剂民利，就不能讲求管制经济来实现国家大治。

管子讲"利出一孔"是讲国家治理，是要确保国家对整个社会的利益分配有着绝对的掌控，才能够很好地实现国家的治理，国家才能够强大。这是权力运行的底层逻辑，权力行使有效性的保障，或者，权力的基石是利益的分配。如果利益的分配出现多个源头，就会出问题了。

其实，做企业也一样。从企业管理角度来讲，"力出一孔"就是把所有的精力都集中到一个点上，让企业的员工团结起来，"团结就是力量"也是自古以来的组织原则。

如何让企业的员工团结起来？首先要从管理开始，真正有效的管理是管理"人性"，而不是单纯地管理"人"。

任正非秉承古代先贤治国的大智慧，结合当代企业经营管理实践，把"力出一孔，利出一孔"作为激活企业持续增长的内在引擎。

蓬生麻中，不扶而直

"蓬生麻中，不扶而直"是一句汉语成语，出自《荀子·劝学》。意思是，蓬草长在大麻田里，不用扶持，自然挺直，比喻生活在好的环境里，自然会得到健康成长。任正非很欣赏这句话。2017年4月，他在哈佛商学院演讲时说：

蓬生麻中，不扶而直。社会上有一种担心，认为现在的"80后""90后"大多是独生子女，他们的生长环境更优越，他们的价值观更加多元化，他们更强调自我、不愿遵从权威，他们的职业选择更多，更容易受到其他利益的诱惑。总之一句话，他们将更难管理。

我们公司的人力资源部门也曾有过类似的担忧。但实践证明，"80后""90后"也是有追求的一代人，他们不甘心平庸地度过一生，他们的观念和行为具有很强的可塑性，他们个性张扬，具有不盲从权威的批判精神。只要引导得好、管理得好，他们将更富创新性。这恰恰是华为在互联网时代持续有效成长所需要的。

用什么样的价值观就能塑造什么样的一代青年。华为现实奋战在一线的骨干都是"80后""90后"，特别是非洲疫情地区及中东战乱地区，以及阿富汗、也门……在活跃的奋斗华为人中，80%~90%是"80后""90后"。有些已成为国家代表、地区部总裁。

所以，真正的挑战还是华为的核心价值观能否真正制度化，真正融化在各级干部的血脉中，从而构建起一个奋进的、强壮的、包容的企业文化氛围，使得新加入者不论其动机如何、文化背景如何、价值取向如何，都能融入这一文化氛围，不断壮大我们的奋斗者队伍。这就是蓬生麻中、不扶而直的道理。

对于一个组织来讲，蓬者，即不同代际的人力资源——他们有着不同的时代背景，有着不同的价值观体系，有着不同的个性爱好，按照不同的时间序列加入组织，构成了组织中的能动的要素。

麻者，即组织存续期间的一些共有的价值体系，包括但不局限于企业管理哲学、价值观体系、商业伦理、机制、管理平台、行为方式等。

"蓬生麻中，不扶而直"在管理中的含义是：不同代际（也包括不同国籍中的代际）的人力资源都存在着很大的差异，这些差异必定会给组织的管理带来更多的变数或不确定性，甚至挑战。

对于管理者来讲，指责、抱怨和失望都不是一种明智的选择。破解这一困境的出路是：依靠组织的强大的价值观体系，滋润、影响、引导、改造不同代际的员工，使之认同、传承和信仰组织共同的价值观体系。使蓬依附于麻，麻扶植于蓬，相互依托，共生共长，否则就是蓬的野蛮生长，或者是麻的形只影单，或者是两者水火不容，相生相克，组织之地或荒芜杂陈，或寸草不生。

任正非认为，在华为的平台上，公司的价值观、管理机制、管理平台与变革方向等是确定的，需要坚守，需要传承，不能因为代际替代与结构变化而妥协，因为这是公司成功的关键，要做到，天不变，道不变，"麻"亦不变。

"麻"予"蓬"者以力量，以血性，以灵魂；"蓬"予"麻"者以滋养，以平台，以机遇，从而形成可循环的能力场，持续地为客户创造价值。华为之所以成功，相当重要的一点就是，华为有一种强大的个体和群体的奋斗精神。

第5章

领导力和使命：激发个体和团队创造力

我是在生活所迫、人生路窄的时候，创立华为的。我深刻地体会到，组织的力量、众人的力量，才是无穷的。人感知自己的渺小，行为才开始伟大。

——任正非

上层作势，基层做实

"上层作势，基层做实"是华为工作体系中的重要理论之一，也是任正非管理思想中的重要组成部分。

任正非说："我们有务虚和务实两套领导班子，只有少数高层是务虚的，基层都是务实的，不能务虚。"

在管理上，任正非将员工分为职员类、专家类、管理类三个类别，将干部分为高、中、低三个层级，每个层级的人都有明确的分工。在他看来，"企业首先必须有宏大的远景蓝图和明确的战略目标，以便给予员工动力和方向，激发大家团结一心地为实现远景目标而努力"。

因此，任正非认为，"企业高层必须集中精力做好企业的蓝图规划和战略制定工作（主要包括制定企业战略目标，确定战略措施，评议和挑选干部，进行监督控制），为员工提供行动的动力和指南。华为的高层管理者负责制定规划和任务，这就是作势。此外，所有工作都需要人来执行和完成，否则制定好的战略规划就变得毫无意义。而所谓的执行规划，就是做实。从作势到做实，完全体现了华为基本的工作流程"。

为了进一步完善"从作势到做实"这个流程，任正非在华为内部推行了绩效责任制，所有干部都要签订绩效承诺书。公司财务在统计前一年的工作成绩和年度工作指标完成情况的基础上，对新一年的工作提出新的要求与目标建议，包括客户满意度、人均销售收入、销售净利润等指标。接着，管理者会将这些指标进行分解，确保下一层的管理者对自己管理的部门负责，并对指标立下"军令状"，而基层管理者会要求员工执行下去，尽量按时完成上级分配的工作任务。

任正非说："我们要让那些只做原则管理、宏观管理，不深入实际、不对监管负责的干部下岗，要让那些做实事的、认真负责的干部上来。"其实和华为一样，任何一个公司、任何一个老板都不会欢迎那些执行力不强的干部和员工。

毕竟，公司制订计划的目的就是为了实现它，并依靠这些计划来创造更大的价值。如果没有人能够按时执行，没有人能够很好地完成这些工作，那么公司就会很被动。一方面，能够把工作做实实际上是公司对员工的最基本的要求；另一方面，执行任务是员工的本职工作，将上级的战略规划落到实处原本就是员工应该做的事情。

很多公司经常会出现发展和管理混乱的状况，就是因为上级总是喜欢开会，总是喜欢说一些老套的理论，而且常常将战略规划改来改去，以致给下级的命令与指标也是三天两头变化，甚至经常出现传达任务不及时的情况。而下级则缺乏职业素养，对于上级的命令常常置若罔闻、故意拖沓，要么不能按时完成，要么不能保质保量完成，要么干脆不完成。多数公司面临的困境是：上级大谈理念和理论创新，却没有办法形成一个系统的、稳定的规划，而下级则缺乏有效的执行手段及良好的工作态度，这样就导致整个公司缺乏高效的执行力，因此也就没有办法创造出辉煌的业绩。

在处理类似情况时，华为的管理工作做得非常到位。比如，各个层级、各个部门都制定了严格的考核标准，每个人的工作都会纳入考核范畴。如果工作不达标，就会面临相应的惩罚，如扣除奖金或者被降级，而达标的员工能够得到一定的奖励。这也是华为几乎每年都会淘汰一批员工的原因。

被淘汰的员工通常都是那些工作执行能力偏差、无法顺利完成工作，或者无法适应当前工作的人。他们常常没有办法将工作落到实处，没有办法完成上级布置的任务，从而对整个工作流程造成了影响。淘汰这样的员工能够有效改进工作流程，确保每项工作都能够落到实处，并且产生应有的效果和价值。

员工是企业最重要的资源，因为员工才是最终创造价值的人。如果没有员工来执行任务，没有员工来完成工作，那么即便再出色的规划，即便再伟大的目标，也只是一个美好的梦想而已。

从企业发展的经验来看，多数企业并不缺好的建议、好的目标和好的战略规划。真正的大问题是缺少一大批能将规划和任务付诸实施的执行者，这才是企业真正应该关心的问题。毕竟，真正为企业创造价值，并且推动企业向前发展的永远都是执行命令的人。

因此，作为基层的执行者来说，一定要养成良好的配合意识，严格按照上级的指示工作，认真执行每项任务，这样才能够与上层的战略规划和理论指导有机结合起来，确保企业不断向前发展。

管理要坚持"七反对"原则

任正非是穿越人性丛林的智者，"七反对"原则是他从管理实践中提炼出来的精髓。

任正非在华为多次强调，"在管理改进中，要继续坚持遵循'七反对'原则，坚决反对完美主义，坚决反对烦琐哲学，坚决反对盲目创新，坚决反对没有全局效益提升的局部优化，坚决反对没有全局观的干部主导变革，坚决反对没有业务实践经验的人参加变革，坚决反对将没有充分论证的流程付诸实施"。

1. 坚决反对完美主义

任正非说："我们搞流程的人不存在完美主义，哪有完美的流程？流程是发展的、改变的，外部世界都在变。你搞完美主义，我等不起，你可能要搞一年，但是我希望你半年搞出成果！"所以，他反对完美主义。

"反对完美主义"让许多人难以理解，却是华为成功的基石。"利不百，不变法；功不十，不易器"就是典型的完美主义。现实永远有缺陷，世界是不完美的，企业也没有完美的，追求决策上和执行上的完美就容易陷入完美主义陷阱，用完美主义的标准选人用人更是错误的。企业由于自身资产、资本、人力资源的限制，需要从实际出发做出现实的决策，而不是完美的决策。在执行层面，坚持"完美主义"的下属往往让人头疼，如兼并和收购，面对瞬息万变的市场，需要面向未来果断做出决策，决策一出就要立即执行，而完美主义的下属往往会贻误战机。

华为之所以能够超越西方公司，就是因为不追求完美。任正非认为，世界上没有事物是绝对完美的。第一，世界上根本没有绝对的完美，追求完美会让自己陷入低端的事物主义；第二，完美可能缺乏实际的战斗力和竞争力，对于企业的生存和发展可能并无多少用处。

追求完美是商人之大忌，容易导向教条主义和"一元论"。卓越的商人无不是修修补补的实用主义者。革命乃至于改革都太具破坏性，所以实用主义的任正非反对完美主义，反对盲目创新，主张自我批判和"小步逼近的改良"。

2. 坚决反对烦琐哲学

华为在内部做流程变革的时候，如果一个流程出现了第五个控制点，首先就会问为什么出现第五个控制点，然后就问为什么不能干掉一个控制点。华为内部把这种做法称为"川普流程"，就是要砍掉不必要的东西，反对烦琐，让管理变得简单，因为越简单，越高效。

任正非为什么要反对"烦琐哲学"？因为"烦琐哲学"背离了事物的本质规律，把并不复杂的东西变得高深莫测，影响了我们对事物的本质认识。搞烦琐哲学往往是走弯路，而在管理中越明晰简单的思路，越不产生歧义，越能得到高效的执行。这个道理很好理解，而领导者在管理实践中却容易犯这样的错误。领导层的一些不会带来多少效益提升的观念会给下属增添大量工作，所以领导者应清醒地认识到"上面一张嘴，下面跑断腿"的危害。

3. 坚决反对盲目创新

反对盲目创新，就是要反对员工自以为是的那套东西。华为要求员工保持空杯心态，开放地去学习美国先进的企业管理理念。

任正非说："当年我们讨论过一个问题，华为是不是一个创新公司？我们回答'是'。因为早在1998年我们就创新过产品。但是反过来问，哪项技术是华为原创的？没有！一项都没有！统统都是别人的！这件事当时就把研发打得哑口无言。所以，我们在管理上不要盲目创新。"

创新会带来管理突破，应大力倡导，但盲目创新是企业的灾难。我们应根据木桶原理在"短板"上大力创新，不要伤及行之有效的已有"长板"。创新是对短板的改良，反对过快创新、过早创新、过度创新和无价值创新，反对为创新而创新。

技术上的盲目创新会导致技术"过剩"；管理上的盲目创新会影响已有的稳定秩序，会导致企业管理的失衡。只有通过相对平和的改良措施，在恰当的时候进行恰当的创新，才能实现企业各个系统的优化。

4. 坚决反对没有全局效益提升的局部优化

任正非指出，要搞变革是可以的，但是要打消很多部门个人的局部效益，让全局效益来解决局部效益。如果这项变革只能给一个部门带来效益，对华为公司整体却毫无益处，就不要搞。

全局效益和局部效益是统一的，有时又是矛盾的。局部效益是全局效益的基础，企业重视局部效益的提高无可非议，但如果不考虑全局效益，甚至用牺牲全局效益来满足某个局部效益，则必然会使企业全局效益受到损失。在量化对标体系中一定要分清权重，保持坚定的全局效益导向。"各开各的会，各说各的话"就会产生部门"堡垒"，产生"山头主义"。

5. 坚决反对没有全局观的干部主导变革

任正非指出，主导变革的干部一定要具有全局观，变革一定要以一线干部为主。如果老板说我要搞业务变革，但是主导变革的干部都不理解变革的目的，那你还适合站在这个位置上吗？不适合。不适合就要让路。流程变革的目的就是要动人，如果人都动不了，老板怎么管理这个企业？

在任正非看来，所谓成功的变革，就是在变革完成以后，老板想动谁就动谁，因为无论动了谁，业务都不会受影响，这就是业务变革的真正目的。

6. 坚决反对没有业务实践经验的人参加变革

任正非指出，主导变革的人一定要有丰富的经验，如果没有经验，别人说什么是什么，那肯定不行。所以在变革的过程中，华为会邀请很多资深的顾问，比如当时有一个六十几岁的老头，以前在IBM做数据管理，退休后又去给美国政府做数据变革，这样的顾问才是经验丰富的变革高手。他还敢跟你PK业务，提出自己的意见，这就是经验的重要性。

企业变革是一个复杂的系统工程，主导者应拥有整体观念，拥有系统思想，拥有发展观点。让没有全局观的干部主导变革，就容易在主要矛盾和次要矛盾上、全局效益和局部效益上主次颠倒，倘若"一叶障目，不见泰山"，就不可能产生真正的好的绩效。

企业变革源于存在的问题，而变革本身又会产生新的问题。任正非反对没有业务实践经验的人参加变革，就是反对脱离实践而空谈理论，倡导脚踏实地地解决问题。

正如任正非所说："我们不忌讳我们的病灶，要敢于改革一切不适应，要及时、准确、优质、低成本地实现端到端服务的东西，但更多的是从管理进步中要效益。我们从来都不主张较大幅度的变革，而主张不断的改良，我们现在仍然要耐得住性子，谋定而后动。"

7. 坚决反对将没有充分论证的流程付诸实施

任正非的这句话的意思是说，变革的流程需要论证，流程设计出来之后需要干跑。

什么叫干跑？

假如流程设计完之后有五个节点，五个节点涉及五个部门，五个部门涉及五个岗位，就把这五个岗位的人聚集到一个会议室里，围绕着各自的业务把流程跑一遍。能不能跑起来？跑起来的效果怎么样？大家配合得好不好？如果不顺，怎么改？

大家提出修改意见，验证完后再到代表处去试运行，代表处试运行后再做适当的推广，直到最后的全球推广，这就叫干跑。

任正非表示，在企业变革的过程中，一定有领导者，有贡献者，有参与者。一个项目中很多成员，每个成员的角色都不同。在参与决策的过程中，他们做了什么？是贡献生命，还是提提意见？

当年，IBM流传过一个关于"三明治"的故事：早上农夫起床要吃三明治，三明治里面有火腿、鸡蛋、蔬菜。火腿是猪贡献了生命而得到的，而鸡蛋呢？鸡是不会贡献生命的，鸡可能每天都下一个蛋。所以，鸡只是一个参与者，而猪才是贡献者。

在管理变革中，任正非希望大家要像猪一样做贡献，而不是像鸡一样今天提个意见，明天提个意见，然后去邀功。

任正非深知"完美主义"是会扼杀管理创新的，"烦琐哲学"是会让改进搁浅的，"盲目创新"是自杀，"局部效益"是魔鬼，主政者"胸无全局"是自残，"空谈理论"是大忌，没有充分论证的流程是短命的。

无论什么类型的企业，管理是相通的。好的管理原则也同样适用于不同的企业，因为企业是一种组织，而组织是由人组成的，只要存在人群的地方，其管理思想就可以相通。

管理就是洞察人性

任正非是位深谙人性的高手。他说："管理就是洞察人性，激发人的欲望。一家企业管理的成与败、好与坏，背后所展示的逻辑，都是人性的逻辑、欲望的逻辑。欲望是企业、组织、社会进步的一种动力。"

任正非曾经说过："我们经常听到一种说法，叫无欲则刚。我想这个说法，第一，违背了人性；第二，无欲者很难做到所谓刚强、有力量。欲望其实是中性的。欲望的激发和控制，构成了一部华为的发展史。"

任正非从心理学的角度分析，将知识型劳动者的欲望分为五个层面：物质的饥饿感、安全感、成长的愿望与野心、成就感、使命感。

欲望的第一层面：物质的饥饿感

绝大多数人，甚至可以说每个人，都有最基础层面的对物质的诉求。员工加入企业，最直接、最朴素的诉求就是财富的自由度。企业、组织能不能给员工提供相对的物质满足，实际上是企业人力资源最基础的部分。

欲望的第二层面：安全感

这是人类与生俱来的一种本能性的需求。人的一生多数都处于一种不安全状态，越是杰出人物、领袖人物，内心的不安全感越强烈。华为正是因为拥有了充满危机意识的优秀管理者，又拥有了近20万内心有强大不安全感的人，大家抱团取暖，共同面对充满了风险、未知、恐惧的世界，才有了华为的"胜则举杯相庆、败则拼死相救"的文化。

欲望的第三层面：成长的愿望与野心

越是智力层面高的人，领袖欲望、野心的张力越强大。怎么能够把这些人人要出人头地、人人要做领袖、人人想拥有权力的人凝聚在一起？公司的价值评价和价值分配体系至关重要。当这些人的权力，跟他们的欲望、野心相称的时候，他们自然愿意在这样一个平台上发挥自己的才能，发挥自己的智慧。组织，说到底，就是要张扬队伍中每个人的雄心，同时又要遏制过度的野心。张扬雄心、遏制野心是所有管理者每时每刻都要面对的问题。

欲望的第四层面：成就感

成就感是指被社会认可、被大众认可的欲望等。华为的成功有各种各样的因素，其中重要因素之一就是两个字——共享，共享发展的财富成果，同时共享安全感，共享权力，共享成就感。把钱分好，把权分好，把名分好，这是相当重要的。

做老板的人，一定要把最基本的东西想明白。第一，财富这个东西越散越多；第二，权力、名声都是你的追随者赋予你的。假使哪一天你的追随者抛弃了你，你的权力，你的所谓的成就感，你的所谓聚光灯下的那些形象，乃至于财富，都会烟消云散。

欲望的第五层面：使命感

使命就是肩负重大的任务和责任。使命感，即一个人对自我天生属性的寻找与实现。每个人都有天生属于并适合自己的那个角色，无论是医生，还是科学家，抑或厨师。也许你正在从事着某个并不情愿的行业，这些都是使命感最浅层部分的表现，即人类为了生存而从事的初级使命感行为。

任正非认为，"只有极少数人是拥有超我意识的使命主义者，乔布斯是，我任正非大概也属于这一类人"。

管理就是洞察人性，激发人的欲望。作为人性大师，任正非在华为从不忌讳与员工谈钱。他经常对员工说："我希望我的员工有挣大钱的企图和愿望，能够对钱产生饥饿感。我们要培养他们对奖金的渴望、晋级的渴望、成功的渴望。"他直白地表现出对金钱的渴望，"我们之所以要艰苦奋斗，就是为了挣更多的钱，让员工分到更多的钱，让员工及其家人过上高品质的生活"。

对物质的饥饿感是人的本能，是驱动人拼搏进取的原动力。正是有了这种为了活下来、为了活得更好、为了物质上更自由的原始动力，人们的斗志才得以激发。人们如果没有了欲望，就会失去奋斗心。

任正非指出，作为一个企业的领导者，其最基本的使命就是要为员工创造幸福生活。幸福从哪里来？虽然我们说物质条件好的、有钱的不一定幸福，但对常人来说，没有钱是很难幸福的。特别是对基层员工来说，如果基本的物质条件不具备，买不起房，不能养家糊口，能幸福起来吗？

"与懒惰相比，贪婪并不可怕，懒惰才是最大的敌人。"这是任正非对人性本能的一种道德认同，从而释放了人的欲望，定义了人对财富追求的正当性，极大地解放了生产力。

任正非曾深入研读彼得·德鲁克的著作，对其从人性和哲学高度，而不是从技术层面来思考管理产生了强烈的共鸣。任正非认为："从哲学历史高度来揭示普遍规律，才有穿透性、指导性和震撼力。"

跌宕起伏的人生阅历，大量的阅读和思考，在商界摸爬滚打多年，使得任正非理性地认识到人性之"恶"，他认为人性的"恶"才是推动社会进步的原动力。他从不回避自己的这一认识，也不掩饰自己的这一观点。

但任正非并不因此对人感到绝望，也不会因此愤世嫉俗，而是对人性的弱点充满了悲悯。在他看来，发展中的中国有许多乱象，其根源不能归罪于"恶"，而要归罪于对欲望的放纵，没有给欲望套上缰绳。中国有句古训，"君子爱财，取之有道"，这个道就是公序良俗，是程序、规则、公德和法律。

卓越的企业家，都懂得充分利用人类的普遍需求，即对控制自己命运的渴望。组织若能够赋予员工人生的意义和生活上的安全感，他们几乎都愿意全心全意地效忠企业。

所以，员工一方面积极追求自主权，另一方面积极寻求安全感。这听起来似乎不太合理，但这恰恰是人性矛盾之所在。如果企业不知道如何管理具有这种矛盾性的人，就很难充分发挥他们的才能和积极性。

有人说，任何强大的公司都不会给员工安全感，而是用最残忍的方式激发每个员工变得强大。凡是想办法给员工安全感的公司都会死亡，因为强大的人在舒适的环境中往往会失去狼性。凡是逼出伟大员工的公司都升腾不息，因为在这种环境下，要么变成狼，要么被狼吃掉。

因此，华为必须逼着员工努力奋斗，逼着他们成长，逼着他们变得强大，只这样，员工和公司才有未来，员工才有真正的安全感。

管理者既要给人才一个施展才华的地方，又要给他一个不越雷池的机制。而且随着时间的推移、人才的成长，对这个人的职位还要进行调整——要么上升，要么下降，既要保证不浪费人才，又要实行统筹安排，让最合适的人才在最恰当的岗位上奋斗。

欲望是一种巨大的力量。任正非的高明在于给员工制造饥饿感，"长"他们的欲望，然后创造条件，引导、满足他们的欲望，从而激发他们无穷的力量。

成就感就是你的付出得到企业和社会的认可。44岁才开始创业的任正非对人性有着深刻的洞察，于是，个体对财富自由度、权欲、成就感等多样化诉求，构成了华为管理哲学的底层架构。

成就感也就是荣耀感，荣耀感处于工作中的核心地位。人人都渴望成功，都希望自己的努力得到上级和企业的认可。如果员工在工作中能够获得荣誉感，那么外部的奖励反而没那么重要，有时甚至外部的奖励还会减少成就感所带来的快乐。

员工努力工作，目的就是为了升职加薪，获得荣耀和成就感。聪明的管理者，懂得利用员工对物质、权力、荣誉的追求，统一员工的目标，而结成利益的共同体。没有利益作为载体，既不牢固，也难以长久。

华为管理顾问田涛先生认为，通过对任正非所说的五层欲望管理理论的分析，我们不难发现这五个层面正是对应着马斯洛需求层次理论的五个层面，人的需求从低到高、按层次分为五种，分别是：生理需求、安全需求、社交需求、尊重需求和自我实现需求。

这也是每个人在社会上成长和进步的一个缩影。所以任正非抓住了人在每个阶段成长的欲望，也就抓住了企业管理的本质内容。

历史上的每个成功者都是充满欲望的，没有强烈的欲望也必然不会达到目标。欲望的力量是巨大的，它能够激发人的斗志，扫清成功路上的障碍，使人不断超越自我，实现从优秀到卓越。

欲望是成功的支点。人如果没有欲望，就会失去奋斗心。优秀的管理者都善于制造饥饿感，让员工产生一点企图心。因为，企图心是一个很重要的力量来源，它能够帮助员工战胜困难。

管理，归根结底，就是洞悉人性、解放人性。在管理上，任正非主要是引导员工对自身和社会价值进行思考，使其逐步产生共鸣，进而改变行为，自我驱动进步。他在管理上强调人性和本能，用责任感和使命感凝聚饥饿的个体。

懂人性的人最懂激励。如果一个员工的所有细胞都被激活，这个员工就会充满活力，积极工作。

拿什么去激活？关键就是薪酬分配制度。为此，华为建立了以岗位责任结果等为导向的薪酬分配机制，员工的收入都与绩效挂钩，实行"按劳取酬，多劳多得"，让贡献者获得应有的回报。

通人性，方能聚人心。华为的成功，就是因为任正非遵循人性和欲望，建立了基于人性、基于人的动机、基于人的欲望的多元化激励机制，激发出了华为人的生命活力和创造力，大家"力出一孔，利出一孔"，将华为推上了竞争对手难以企及的高度。

坚持自我批判

自我批判是华为的核心价值观之一，是华为的传统。正是这种传统，使华为从只有几个人的那股劲儿传承到近20万人的那股激情。那股玩命精神没有衰落，这个队伍始终保持着旺盛的战斗力。

任正非说："自我批判是个宝，30多年的奋斗实践，使我们领悟了自我批判对一个公司的发展有多么重要。如果没有坚持这条原则，华为绝不会有今天。"

为什么要开展自我批判呢？2000年，任正非在一篇名为《为什么要自我批判》的文章中详细解答了这一问题：

华为还是一个年轻的公司，尽管充满了活力和激情，但也充塞着幼稚和自傲。我们的管理还不规范，只有不断地自我批判，才能使我们尽快成熟起来。我们不是为批判而批判，不是为全面否定而批判，而是为优化和建设而批判，总的目标是要导向公司整体核心竞争力的提升。

这些年来，公司在《华为人》、《管理优化》、公司文件和大会上，不断地公开自己的不足，披露自己的错误，勇于自我批判，刨松了整个公司思想建设的土壤，为公司全体员工的自我批判打下了基础。一批先知先觉、先改正自己缺点与错误的员工已经快速地成长起来。

自我批判的目的是不断进步、不断改进，而不是停留和沉溺于自我否定。所以，我们每个人要对照任职资格标准，拼命学习，不断修炼和提升自己。

没有自我批判，我们就不会认真听清客户的需求，就不会密切关注并学习同行的优点，就会陷入以自我为中心，必将被快速多变、竞争激烈的市场环境所淘汰。

没有自我批判，我们面对一次次的生存危机，就不能深刻地自我反省、自我激励，用生命的微光点燃团队的士气，照亮前进的方向。

没有自我批判，就会故步自封，不能虚心吸收外来的先进东西，就不能打破"游击队""土八路"的局限和习性，把自己提升到全球化大公司的管理境界。

没有自我批判，我们就不能保持内敛务实的文化作风，就会因为取得的一些成绩而少年得志、忘乎所以，掉入前进道路上遍布的泥坑陷阱中。

没有自我批判，就不能剔除组织、流程中的无效成分，建立一个优质的管理体系，降低运作成本。

没有自我批判，各级干部不讲真话，听不进批评意见，不学习、不进步，就无法保证做出正确决策并切实执行。

只有长期坚持自我批判的人，才有广阔的胸怀；只有长期坚持自我批判的公司，才有光明的未来。

自我批判让我们走到了今天，我们还能向前走多远，取决于我们还能继续坚持自我批判多久。

其实，自我批判不是什么新鲜事物。几千年前，曾子"吾日三省吾身"，孟子"天将降大任于是人也，必先苦其心志，劳其筋骨，饿其体肤，空乏其身，行拂乱其所为，所以动心忍性，曾益其所不能"。没有自我批判，就不会造就这些圣人。

任正非将自我批判看作思想、品德、素质、技能创新的优良工具。他在华为推行以自我批判为中心的组织改造和优化活动。

任正非认为，"自我批判固然很有必要，但企业在批判的时候也要注意方法。批判不能用力太猛，火药味太浓。高层的素质高，批判可以尖锐一些，但是越到基层应越温和，要把握尺度"。

任正非很清楚，每个华为管理者都会遭遇个人能力临界点，这是一个不争的事实。客观地讲，管理者的成长与企业组织的成长，是一场马拉松式的速度赛跑——管理者个人素质与能力的成长速度，必须快于或等于企业组织的发展与成长速度。如果管理者个人素质与能力的成长，滞后于企业规模和扩展要求的能力，就会达到所谓的痛苦的"个人能力临界点"。

每个管理者遭遇的每个临界点都是他们能力的制约瓶颈，都是他们面临的自我超越的时刻。管理者只有通过不断的学习和自我否定，像蛇蜕皮一样，每蜕一次皮，就获得一次成长。尽管这个蜕皮的过程很痛苦，甚至很危险。

1998年，《华为基本法》定稿之时，任正非就提出在华为总部新基地门口立一块石碑，上书："一个企业长治久安的基础是接班人承认公司的核心价值观，并具有自我批判的能力。"可见，华为之所以能够成功，靠的就是长期坚持自我批判。

任正非说："极端困难情况，会把我们逼得更团结、更先进，更受用户喜欢，逼得我们真正从上到下接受自我批判、自我优化。外界的困难可以让内部更团结、更进步，而接受自我批判木就是白我优化之路。"

任正非不仅坚持自我批判，而且接受下属对他的批判。

2018年，华为"蓝军"曾发表"任正非十宗罪"的意见，任正非在华为"罗马广场"、心声社区公开表明，"我错了，我改"。这样的例子先后有过多次，由此才形成了华为实事求是、批判成风的氛围。

对于下属的批判，任正非说："我没有生气，我生气的是那种唯唯诺诺，根本就不动脑筋的人。"

华为已经成为全球通信设备企业的领导者，但任正非认为，"今天的华为恰恰可能是最脆弱的时候，为什么呢？成功容易让人变得怠惰和自大，让组织变得盲目骄傲和故步自封。过去的成功不是未来成功的可靠向导，不能陶醉于过去的成功，迷信过去成功的经验，要敢于不断地批判自己"。

2016年8月，华为的一位海归程序员泥瓦客从组织、流程、环境、工具四个方面痛斥在华为做研发的不易，并写了一篇名为《华为到该炸掉研发金字塔的时候了》的文章并发布在一本内部刊物上，呼唤"炸掉华为研发金字塔"。

他在文章中直言不讳地指出华为在研发方面存在的四大弊端。这篇文章被华为心声社区网站转发，一石激起千层浪，在华为引发了一场轰轰烈烈的内部讨论。

一位员工在留言中写道："很多研发的同学都抱怨过，聪明的人都去做管理了。根源还是研发团队的作战方式。一个项目需要那么多人，必然需要有管理。有管理，就有所谓的管理者，管的人越多，管理者做技术的时间越少。要转变开发的模式。如果都是一个个的小团队，就不需要那么多的所谓的技术管理者了。"

内部激烈的讨论惊动了任正非。他在看完这篇文章和所有人的讨论后，签发了一封总裁办邮件，把文章和大家的讨论贴出来，告知全公司。此举动背后的心思不得不耐人寻味。任正非表示声援，但要对症下药。

华为的自我批判不是一种口号，而是一种制度，一种文化。华为的快速成长，就是华为不断否定过去、自我否定的结果。

淡泊名利

在当代中国商界，任正非是最低调、最淡泊名利的企业家。他很少与媒体接触，近年来因为华为受到美国的无端制裁，他才被迫接受了十几次中外媒体的采访，回应外界的关切，证明华为的清白。

任正非创建华为30多年来，从不做一些沽名钓誉的表面文章，也从不混圈子，也没有参加任何颁奖典礼活动。他说："做企业，应该淡泊名利，把精力都用在为客户服务上。只有把客户服务好了，公司才能存活下去。"

凭借华为的经营规模和对国家、社会所做的贡献，任正非可以说是荣誉等身，但他一直拒绝担任社会职务，多次谢绝参选全国人大代表、政协委员，他的名片上只有一个头衔——"华为技术有限公司总裁"。

2018年是中国改革开放40周年，党中央和国务院决定表彰"中国改革先锋"。任正非作为民营企业家的杰出代表入选，但是，最后公布的"中国改革先锋"上却没有任正非的名字。

2019年，任正非在接受央视采访时透露："我得知消息后，立即给深圳市委、市政府和中央写信，主动申请不要将我列入'中国改革先锋'名单。后来，深圳市委、市政府只好尊重我的意见，把我从名单中删除了。"

任正非不仅自己不要荣誉，还不断提醒华为的高管不要有狭隘的荣誉感。他说："不要总想到做领袖的光荣，不要去背这个沉重的口号和包袱，荣誉对于我们来说是没有用的。我们说未来要领导世界，是为了鼓舞大家，让大家奋斗，去做得更好。我们要把精力放在为客户服务和产品研发上，少参与外面的个人奖项评选，要埋头做实业。"正是任正非始终淡泊名利，他才有大把时间考虑华为的发展。

任正非拒绝领奖的事例还有很多。如2004年，任正非成为央视中国经济年度人物候选人。编导给华为打电话，如果获奖了，任正非必须亲自出席颁奖典礼。任正非拒绝了，他还委派负责公关的副总裁到央视公关，要求取消这一称号。所以直到现在，央视中国经济年度人物榜单上一直没有任正非的名字。

2019年4月18日，美国《时代周刊》发布了"2019年度全球百位最具影响力人物榜单"。榜单共分为先锋、艺术家、领袖、偶像及业界泰斗五个类别。华为创始人任正非、Facebook CEO马克·扎克伯格、领导探测黑洞并拍摄照片研究的天文学家谢普·多尔曼等人上榜。

《时代周刊》在提名词中称：当任正非在1987年创建华为时，他并不是一位计算机奇才。但他的管理工作帮助华为成为全球最大电信设备公司，去年营收达到1070亿美元，客户遍及170个国家和地区。除了尖端智能机，华为还是5G领域的先锋，这项革命性技术将推动第四次工业革命中无人车和智慧工厂的发展。

《时代周刊》东亚首席记者查理·坎贝尔称，"尽管华为近期风波不断，但现在没有任何强大力量能承担得起忽视华为的代价"。

任正非入选的是业界泰斗类别。面对这项含金量很高的殊荣，任正非却不领这个情，谢绝领奖。

他让华为比较含蓄地发了一张图片，对这个奖项进行回应：图片中是一架伤痕累累的飞机，机身上戴着一顶礼帽，并配上文字——"我们还在痛苦中，不知道能不能活下来"。这看起来像美式幽默，实则是任正非一贯的表现。

2019年12月，央视隆重举办了"2019中国品牌强国盛典"，华为获得"CCTV年度荣耀品牌"奖。其他获奖企业都是老板亲自登台领奖，任正非却派了一名年轻的员工去领奖。此举引起了网友的广泛讨论，有人说任正非太不给央视"面子"了。

著名作家金庸生前曾经说过："淡泊名利才能做企业家中的天下第一。不义而富且贵，于我如浮云。"

在任正非看来，"个人名利淡如水，公司事业重如山"。他的这种低调、淡泊名利的风范值得所有中国企业学习。

名利本身并没有错，错在人为名利而起纷争，错在人为名利而忘却商业的本质和人生的真谛。当所有人都有这样的品质时，才能把自己的人生道路走得更远，把事业做得更大更强。

唯有惶者才能生存

华为从一个小作坊，发展为全球通信设备行业的领导者和世界500强企业。华为30多年的发展史犹如一幅波澜壮阔的画卷。但是伴随华为成长的不仅是欢呼与喜悦，更是如影相随的死亡威胁。这个死亡威胁不是来自竞争对手，而是来自华为创始人任正非的内心深处。

任正非在曾发表的《华为的冬天》一文中写道："我们公司的太平时间太长了，在和平时期升的官太多了，这也许就是我们的灾难。泰坦尼克号也是在一片欢呼声中出的海。我相信，这一天一定会到来，这是历史规律。面对这样的未来，我们怎样来处理，我们是不是思考过。我们好多员工盲目自豪、盲目乐观。如果想过的人太少，也许就快来临了。居安思危，不是危言耸听。"任正非提醒华为要做好过冬的准备。

对于危机，任正非始终保持着与生俱来的警惕。他的危机意识已经深入骨髓，甚至近乎偏执。他用《华为的红旗能打多久》《活下去是企业的硬道理》等文章来警示员工，要居安思危。

任正非在一份内部讲话中说："10年来，我天天思考的都是失败，对成功视而不见，也没有什么荣誉感、自豪感，只有危机感。也许是这样才存活了10年。我们大家一起来想，怎样才能活下去，也许才能存活得久一些。"也许正是这样的忧患意识让华为活过了最初的那10年。

2016年8月15日，任正非在华为战略预备队建设汇报时说："三十年河西、三十年河东，我们30年大限快到了。华为想不死就得新生。华为要全方位改革，要增强组织的血液循环，给优秀干部和专家赋予新能量，然后走上战场，承前启后，英勇奋斗，使新的东西成长起来，否则就要垮台。"年过70岁的任正非担心华为人才断层。

2016年5月30日，任正非在全国科技创新大会上再放危言："未来二三十年人类社会将演变成一个智能社会，其深度和广度我们还想象不到。华为已感到前途迷茫，找不到方向。"这次他的忧虑是前沿技术更新。

在任正非看来，华为正在本行业逐步攻入无人区，处于无人领航、无既定规则、无人跟随的困境。要想打破这一困境，任正非给出的药方是：坚持科技创新，追求重大创新。他认为，"华为现在的水平尚停留在工程数学、物理算法等工程科学的创新层面，尚未真正进入基础理论研究。重大创新是无人区的生存法则。没有理论突破，没有技术突破，没有大量的技术积累，是不可能产生爆发性创新的。虽然近年来在应用创新上到达了极限，但是在理论创新上依然空白一片。长此以往，我们原有的成绩必然被德国、美国等擅长'从0到1'的国家击溃"。

所以，任正非说"华为已感到前途茫茫"，这话绝不是危言耸听。作为信息论基础的香农定理，作为信息工程技术基础的摩尔定律都已逼近极限，如果不能突破时延和带宽的极限，人类社会如何走向智能社会？

任正非的危机意识源自他对市场的深谋远虑，渗透在华为发展的每一个阶段。他将自己的这种危机管理解释为假设管理，即"只有正确的假设，才有正确的思想；只有正确的思想，才有正确的方向；只有正确的方向，才有正确的理论；只有正确的理论，才有正确的战略"。在带领华为前进的同时，任正非时刻把握着华为的发展方向，并不断优化华为的管理体制。

2019年的春夏之交，任正非的未雨绸缪让华为再次经受住了考验。针对美国商务部工业和安全局（BIS）把华为列入"实体清单"，5月17日凌晨，华为心声社区转发了华为海思总裁何庭波致员工的一封信："华为多年前已经做出过极限生存的假设，预计有一天，所有美国的先进芯片和技术将不可获得，而华为仍将持续为客户服务。"海思将启用"备胎"计划，兑现为公司对于客户持续服务的承诺，以确保公司大部分产品的战略安全，大部分产品的连续供应，"这是历史的选择，所有我们曾经打造的备胎，一夜之间全部'转正'"。

在瞬息万变的信息社会，唯有惶者才能生存。对企业来说，最好的时候往往是最危险的时候。而居安思危，是华为走到今天的秘诀。

30多年来，华为生于忧患。从一家一穷二白的初创企业，扩张、成长为全球ICT行业领导者，背后凝聚着强大的意志与定力。这恰恰是中国经济韧性强劲的缩影。无论外部风云如何变幻，最重要的就是上下一心，做好自己的事情，坚持自主创新，坚持艰苦奋斗才有未来。

自律永远是最低成本的管理

任正非有一句名言："自律永远是最低成本的管理。"

众所周知，军人出身的任正非向来以自律著称。华为自创立之日起，就要求干部严于律己、自我批判，并提出要制度化地防止干部腐化。

早在2005年，任正非就敏锐地觉察到华为最大的风险来自公司内部，必须保证干部的廉洁自律，并于2005年12月召开了EMT民主生活会，要求EMT成员认识到，作为公司的领导核心，必须做到正人先正己，以身作则，严于律己，做全体员工的楷模。

2007年，华为通过了《EMT团队宣言》，要求在此后的两年内从EMT团队成员到所有中高层，申报与清理所有与供应商的关联关系，以制度方式对照检查、自查自纠，并接受全体员工的监督。后来华为固化此形式，每年举办一次宣誓大会。

2015年,华为颁布了《华为干部改进作风的八条要求》(简称"华为干部作风八条")。2017年,华为对"华为干部作风八条"进行了修订,并举行了华为干部工作作风宣誓仪式。以下是新修订的"华为干部作风八条":

第一条 绝不搞迎来送往,不给上级送礼,不当面赞扬上级,把精力放在为客户服务上。

第二条 绝不动用公司资源,也不能占用工作时间为上级或其家属办私事。遇到非办不可的特殊情况,应申报并由受益人支付相关费用。

第三条 绝不说假话,不捂盖子,不评价不了解的情况,不传播不实之词,有意见直接与当事人沟通或报告上级,更不能侵犯他人隐私。

第四条 认真阅读文件、理解指令。主管的责任是获取胜利,不是简单的服从。主管尽职尽责的标准是通过激发下属的积极性、主动性、创造性去获取胜利。

第五条 反对官僚主义,反对不作为,反对发牢骚、讲怪话。对矛盾不回避,对困难不躲闪,积极探索,努力作为,勇于担当。

第六条 反对文山会海,反对繁文缛节。学会将复杂问题简单化,600字以内能说清一个重大问题。

第七条 绝不偷窃,绝不私费公报,绝不贪污受贿,绝不造假,也绝不允许任何人这样做,要爱护自身人格。

第八条 绝不允许跟人、站队的不良行为在华为形成风气。个人应通过努力工作、创造价值去争取机会。

任正非在2015年EMT会议上指出：

各级干部要把践行"华为干部作风八条"作为终生的座右铭，使我们的流程管理更加简洁、及时、准确。促进自律，完善他律形成一个良好的内部场。道德遵从委员会每个人都要带头遵守干部作风八条，以点带面，让大大小小的"火车头"带领十多万员工的"火车"跑起来，让公司充满活力和竞争力。我们敢于接受群众监督，形成他律。自律与他律相结合，形成的组织氛围必然是正向、积极的，也提供了流程不完备时的"自愈"机制。

自律永远是最低成本的管理。制度不可能完善到无懈可击，流程只有与认真遵守的人相配合，才会取得较大的价值和贡献。如果流程过于复杂，沉重的内部体系运转不动，其实是管理高成本，客户不可能为我们自己的高成本买单，那么可能只会以失败告终。历史上，很多世界级大公司倒闭，其实就是内部运作的极高成本，导致缺乏活力和竞争力，最后衰退。流程是用来运作的，当然如果目标是简单、及时、准确的，绝大多数人遵守纪律就容易实现目标。

"华为干部作风八条"看似简单，其实蕴含着大道理。这不是挂在墙上的口号，而是制度要求，也是行为准则，更是企业文化宣导。任正非在华为则严于律己，率先垂范，从不搞特殊化。下面举几个例子。

2013年，任正非去日本出差，回来后不小心将100多元的洗衣费放到差旅费中报销了。被审计部查出后，任正非十分尴尬，不仅退还了多报的费用，还自己签发文件，在全公司通报批评自己。

凡是任正非请吃饭，他都会把发票或小票撕掉，撕掉发票的目的就是避免以公费名义报销因私就餐费用。不仅任正非这么做，公司高管亦如此。这就是所谓的以身作则。

任正非在华为没有专车，没有保镖，更没有私人飞机和游艇。即便现在他已77岁了，还坐商务舱和经济舱。公司规定干部因公出差只能坐飞机商务舱和经济舱，坐头等舱要自己掏钱补齐差价款。

任正非在华为内部颁布了一条禁令：严禁讨好上司，机场接机也不行。在华为只有客户才享有坐头等舱和专车接送的待遇。任正非下飞机后仍自己打车，拒绝下属和客户接机。

2016年4月15日晚，72岁的任正非在上海虹桥机场排队等出租车的照片，刷爆了朋友圈。照片上，任正非独自拉着拉杆箱，在排队等候出租车，没有保镖和随从，神态自若。

当晚，笔者把任正非在上海虹桥机场排队等出租车的照片通过微信发给了华为消费者业务CEO余承东。余承东说："过去20多年，任总一个人打出租车是常事。昨天早晨我在酒店向他汇报工作，他就是打出租车来的。他把自己的股份分给了员工，公司又没有上市，他不是大富翁，就无须有保镖了。"

任正非的生活非常简朴，经常去职工食堂和员工一起吃工作餐。对于任正非来说，打车、坐经济舱、乘摆渡车、到职工食堂吃饭只不过是内化到他骨子里的一种习惯而已，华为人对此已经习以为常。这就是任正非和其他企业家的不同之处。

在管理中，任正非铁面无私、严于律己，在处罚下属的时候，甚至会先惩罚自己。

2006年3月20日，"在高培楼东侧PARTY区的建设过程中，由于事前对设计方案考虑不周，造成已完工后又重新更改设计方案并返工，给公司造成了损失。公司决定对该设计方案的审核责任人任正非予以相应处罚，罚款金额按照该项工程损失的10%计"。当日，任正非给自己下发了处以4万元罚款的文件。

2018年1月15日，因公司经营管理存在问题，出现业务造假行为，华为对经营管理不善的领导人进行问责。任正非带头自罚100万元，对华为副董事长胡厚崑，华为轮值CEO郭平、徐直军，人力资源总裁李杰等四位高管每人罚款50万元，同时对海外的一些代表处数据造假的主要领导做出了降职降薪、冻结晋升的处罚。

任正非给自己罚款100万元，给公司所有高管做出了表率，也是干部宣言的落实。

从2007年9月29日开始，华为董事会成员每年都举行《EMT自律宣言》宣誓大会，并将宣誓活动制度化开展至今。

任正非多次指出，"对于公司而言，自律永远是最低成本的管理。所以以塑造员工自律为中心的企业文化，才是最高境界的管理"。他还告诫华为高管："能打败华为的只有华为自己，只有腐败才能击败华为。"

"打铁还需自身硬。""正人先正己。"纵观企业界，大凡有所成就者都是严于律己的人。正如孔子曰："其身正，不令而行；其身不正，虽令不从。"对于管理者来说，若要安天下，必须先正其身，甚至越是管理者越需要克己、自制、自律。唯其如此，才能形成一种上行下效、上治下防的氛围，才能实现一种真正的低成本管理。

华为不需要历史

2001年4月，任正非参观日本松下电器博物馆，随行的华为管理顾问吴春波教授提议华为也可以建一座博物馆，任正非坚定地讲："华为不需要历史，华为要忘掉历史。"

2017年，华为创立30周年。笔者到华为采访时，好奇地问任正非："今年是华为创立30周年，为何不搞庆典？"

任正非回答道："华为不需要历史，只需要铭记自己的核心价值观。一个高科技企业，绝不能对历史怀旧，绝不能躺在过去的功劳簿里，那样就很危险了。"

华为的展厅非常气派，但所展示的都是产品和技术，哪怕过去华为和任正非获得了众多荣誉，现在又是世界第一，这些在展厅里都找不到踪影。

如今，华为已经是全球ICT行业的领导者。2020年，华为名列《财富》世界500强企业第49名，这可是中国民营企业有史以来唯一跻身世界500强前50名的公司。而在华为官网上，根本找到其他企业所标榜的"世界500强""全球第一"等字眼，只写着："华为的愿景与使命是把数字世界带入每个人、每个家庭、每个组织，构建万物互联的智能世界。""华为是一家百分百由员工持有的民营企业，是全球领先的ICT基础设施和智能终端提供商。"更让国内外媒体记者失望的是，竟然连任正非的照片都找不到。

任正非说："华为是一个没有功臣的公司，任何人都不会被供奉在神殿里，老板也是。"任正非不愿意给华为太多的负累，包括他自己。在华为，过去只是一张白纸。如果把过去的经验应用到今天的挑战中，几乎是不可能的。在任正非看来，"过去的成功不是通往未来的通行证"。

笔者研究华为23年了，发现在华为的文化里，没有迷恋历史情结，强调一切向前看，保持空杯心态，砥砺前行，时刻铭记自己的核心价值观。

一个人如果忘掉自己过去的成绩和荣誉，就不会患得患失，能够坦然面对各种挑战和压力，随时都可以轻装上阵，不断地冲击新的事业巅峰。

拥抱不确定性才是最大的安全

一些人喜欢稳定，毕生都在追求安全感。为了得到对未来的确定性，他们愿意做任何事情。

另一些人，则非常能容忍不确定性。他们对世界的复杂性有深刻认识，善于接受不确定性，并且习惯在高度不确定的环境中做出决策。

后一种人更容易成为成功的政治家或企业家。

任正非说："我们无法准确预测未来，但仍要大胆拥抱未来。不确定性是永恒存在的，是摆脱不了的，越害怕危险，越容易遭受危险，从来没有绝对的安全。面对不确定性，最好的方式就是，拥抱它。"

自2019年以来，美国政府针对华为打出了一套组合拳：一是签下行政令，禁止美国企业购买华为的电信设备和服务；二是将华为列入管制"实体清单"，禁止华为从美国企业处购买技术或配件；三是切断华为手机芯片来源，让华为陷入无芯片可用的被动局面。

面对极端打压，任正非没有手忙脚乱，而是从容应对，做出极限生存的假设，从5G到芯片，再到操作系统等各方面，都为最坏的情况做着准备，并在2020年和2021年相继发布了鸿蒙和欧拉两个操作系统。

按照任正非的规划，华为鸿蒙和欧拉一起组成技术阵列，抢占全球软件系统的高地，逐步摆脱对美国的依赖。

鸿蒙操作系统的应用场景是智能终端、物联网终端和工业终端；欧拉操作系统则面向服务器、边缘计算、云和嵌入式设备。

中国的ICT产业一直"缺芯少魂"，于是任正非启动了"铸魂工程"，希望通过鸿蒙和欧拉，打造覆盖所有场景的操作系统，而且全部开源，让产业界参与进来，适配更多产品和场景，大家共同努力，把"缺芯少魂"的"少"字去掉。

面对美国一轮又一轮的制裁，从海思到鸿蒙再到欧拉，华为的一个个"备胎"也不断浮出水面。而在这些"备胎"走到台前之前，大多已经经历了多年的布局和积淀，并非因"黑天鹅"事件出现的临时举措。

鸿蒙操作系统自从2021年6月初上线以来，累计升级用户超过1.5亿个，平均每天升级的用户超过100万个，并且至今还没有被用户大规模反馈系统BUG和漏洞。这说明华为的鸿蒙操作系统已经成功了一大半，这个被外界称为不可能完成的奇迹被华为做到了！

鸿蒙和欧拉操作系统走到台前，引发了外界的巨大关注。虽然"缺芯"使得华为面临着前所未有的艰难，但"铸魂"给华为未来带来了无限可能。

现在，企业环境的不确定性越来越高，往往一场突如其来的危机，让许多大企业也受到巨大冲击，命悬一线。然而，华为创立30多年来，遇到过多次危机，都被任正非成功化解。

企业环境的不确定性主要来源于三个方面：一是技术的快速发展。互联网技术将实现万物互联互通，大数据技术可以使企业更精准地分析客户需求，人工智能技术可以大幅降低满足客户需求的成本。一系列颠覆性技术在不断模糊企业与客户之间的关系，模糊行业与行业间的边界，重新定义行业的运行法则和企业的竞争规则。企业很难判断竞争者究竟是谁，和竞争者相比的优势和劣势也很难作为下一步战略的依据。企业发展的轨迹被这些底层技术不断冲击，企业也因此越发脆弱。二是市场的快速变化。客户认知升级持续加速，远超产品、技术、管理等更新的速度。企业就像试图讨好一群需求多变的孩子的家长一样，时常慨叹身心俱疲、力不从心。三是经济全球化与大国博弈也加剧了国际企业外部环境的不确定性。令企业更脆弱的是，这些不确定性因素并不是独立的，而是相互缠绕的。企业猜得出"蝴蝶效应"这个结局，但是无法预判蝴蝶究竟在哪里。

有些企业决策者因为太过追求安全感，只愿意待在自己熟悉的地方，不愿意往未知的地方迈出一步。他们会短暂地控制自己的命运，看起来似乎得到了安全感。但是如果把时间拉长就会发现，这种安全感脆弱得不堪一击。正如任正非所说的，"拥抱不确定性和变化才是最大的安全"。

风会熄灭蜡烛，却能让火越烧越旺。任正非对不确定性和"向死而生"的危机意识，让华为对不确定性充分正视，大胆拥抱，做好充分准备，在难以预料但一定会发生的危机中体现出反脆弱。

任正非曾提到过，他以前最为崇拜的是极具个人英雄主义的人物，因为他们都可以凭着一己之力去掌控一切。直到在企业经营之路上多次碰壁之后，任正非才幡然醒悟，体会到"团结就是力量"这句话的真正内涵。所以他认为，"人能感知自己的渺小，行为才开始伟大"。

在创立华为时，任正非已过不惑之年，而此时人类早已进入电脑时代，世界开始"疯"起来，等不得他的"不惑"了。他本来称得上优秀的中国青年专家，竟然突然发觉自己越来越无知。不是不惑，而是要重新起步学习新的东西，因为已经没时间与机会，让他不惑了，前程已充满了不确定性。

任正非回忆说："我刚来深圳时还准备从事技术工作，或者搞点科研。如果我选择这条路，早已被时代抛在垃圾堆里了。后来，我明白了，一个人不管如何努力，永远也赶不上时代的步伐，更何况在这个知识爆炸的时代。只有组织起几千人、几万人一同奋斗，你站在这上面，才摸得到时代的脚。"

44岁的任正非，一头扎进了不确定的时代洪流之中，打造了让中国人引以为豪的品牌——华为。

面对不确定的外部环境，企业家每天都要做出大量的决策。

要想做出好的决策，就需要良好的决断能力。决断能力来自我们对世界的认知。我们对世界运行的规律越了解，对人性的认识越透彻，对商业发展的分析越深刻，做出的决策在概率上的优势就越大。

在我们生活的世界上，很多事情都是不确定的，应对不确定性已经成为新的需要。因此，接受不确定性和变化，才是最大的安全。

在无人区点亮5G的灯塔

任正非在华为讲了很多故事，用故事来激励华为人奋力前行，做行业的领路人。

任正非曾给华为员工讲了一个"丹柯"的故事，并号召大家发扬丹柯精神，把自己的心掏出来，用火点燃，为后人照亮前进的路。故事是这样的。

一群生活在草原上的人被别的种族赶到了森林里。在森林中，死亡笼罩着他们，只有走出森林才有生机。丹柯主动站出来带领大家往森林外面走，但是走了许久都没走出去。有人开始埋怨和指责丹柯。为了让众人停止抱怨，丹柯用手扒开自己的胸膛，掏出自己的心，点燃后高高举过头顶，照亮前进的路，最后大家一起走出了森林。丹柯死了，但他的心变成了草原上的星星，永远闪烁。

任正非说，我们已经走到了通信业的无人区，要决定下一步如何走，是十分艰难的问题。我们以前靠着西方公司领路，现在我们也要参与领路了，感谢那些领路人的远见与胸怀博大。

领路是什么概念？就是"丹柯"。我们也要像丹柯一样，引领通信产业前进的路。这是一个探索的过程。在这个过程中，因为对未来不清晰、不确定，可能会付出极大的代价，但我们肯定可以找到方向，找到照亮这个世界的路，这条路就是"以客户为中心"。

我们将这些探索更多地与伙伴共享。我们不仅会有更多的伙伴，而且更加不排外，愿意与不同价值观的对手加强合作与理解。

任正非认为，要成为通信和互联网技术领域的领路人，就要接受更严格的检验，以前是世界渴望揭开华为的神秘面纱，现在是华为自己要做丹柯的时候了。

2020年6月19日，任正非在内部讲话中进一步指出，克劳塞维茨在《战争论》中讲过："伟大的将军们，是在茫茫黑暗中，把自己的心拿出来点燃，用微光照亮队伍前行。"

什么叫战略？在任正非看来，就是能力要与目标匹配。华为历经30多年的战略假设是："依托全球化平台，聚焦一切力量，攻击一个'城墙口'，实施战略突破。"但是，由于美国的制裁使华为的全球化战略不能完全实施，现在必须全面靠自己打造产品。

任正非明确指出，"我们并不以此灰心，我们也不会怨恨，美国仍然是世界的科技灯塔，我们仍然要向先进的人学习。我们不要因美国一时打压我们而沮丧，放弃全球化战略，没有全球化是不行的。过去几百年来，西方科技像灯塔一样照亮了人类追赶的道路，不仅是飞机、火车、汽车、轮船、收音机、卡拉OK……要尊重这些文明国家，尊重做出贡献的前辈。今天华为已积累到一定程度，也想要学习在无人区点亮5G的灯塔，做出应有的贡献，回报世界给我们的引导，让我们的光辉也照亮大家共同前行"。

任正非把华为比喻成丹柯，告诉员工，在困难面前我们别无选择。无论外部环境多么复杂，压力多么大，我们都会义无反顾，像丹柯那样勇敢坚强，无私奉献，用自己的智慧照亮前进的路，成为通信与信息技术领域的领路人。

第6章

企业文化：华为生生不息的
原动力

资源是会枯竭的，唯有文化才会生生不息。

——任正非

以客户为中心

"以客户为中心，以奋斗者为本，长期坚持艰苦奋斗，坚持自我批判"是华为的核心价值观。有人问任正非，华为成功的秘诀是什么？任正非说，如果说华为有秘诀，那肯定是"以客户为中心"。

2001年7月，华为内刊《华为人》准备发一篇题目为"为客户服务是华为存在的理由"的文章，任正非在审稿时，在题目上加了"唯一"两个字，变成"为客户服务是华为存在的唯一理由"。

任正非解释道："华为命中注定是为客户而存在的，除了客户，华为就没有存在的任何理由，所以是唯一理由。也就是说，在华为除了客户以外，没有任何人、任何体系可以给公司持续创造利润。华为是生存在客户价值链上的，华为的价值只是客户价值链上的一环。谁来养活我们？只有客户。不为客户服务，我们就会饿死；不为客户服务，我们拿什么给员工发工资？因此，只有以客户的价值观为准则，华为才可以持续存活。"

任何一个商业组织，财富的产生和持续扩张，最根本或者唯一的源泉，就是客户。

30多年来，华为持续进行组织变革，但变革只有一个聚焦点，围绕着以客户为中心这个方向进行变革。

任正非曾说："我们在创业初期已经感觉到，要生存下来，唯有尊重客户，尊重客户的价值观，尊重客户的利益。钱在客户的口袋里面，只有质量好、服务好，客户才会给你。"

笔者在华为采访时，听到很多华为人与客户共度时艰的感人故事。

2008年5月12日，四川省汶川县发生里氏8.0级地震。华为随后紧急行动了起来，董事长孙亚芳、全球销售与服务总裁胡厚崑带领150名华为技术支持人员，从深圳坐飞机经重庆连夜奔赴成都。

临行前，任正非强调："不许任何人接受媒体采访。救灾捐款不是作秀，有接受采访的时间，还不如老老实实地多做一些抗震救灾的工作，让灾区早日恢复通信。"

随后，4000部华为"待机王"手机空投至汶川灾民手中。此手机是华为专为应对恶劣环境开发的机型，日常正常通话待机时间可达7~8天，耐压、耐摔、耐撞击，非常适合震区在救灾中使用。

笔者在华为采访时，看到一张令人震撼的照片：两名华为海外员工在为客户服务的途中，汽车陷入泥潭后坏了，他们就趴在泥浆中修车，成了泥人，最终把车修好，并按照约定时间赶到客户所在地。华为情系客户，急客户之所急。他们尽心服务的精神令人感动，他们用行动诠释了华为人永远不能忘本，永远以宗教般的虔诚对待客户！

客户需求是什么，华为就给什么。

任正非认为，企业一定要随着市场变化、客户需求变化，来及时调整产品，因此让研发部门把自己研发的产品与客户需求结合起来。

任正非曾说过："不管做任何事，都要因时因地进行改变，不能教条，关键要满足客户需求……科学家可以一辈子只研究蜘蛛腿的一根毛，但我们只研究蜘蛛腿，谁给我们饭吃？因此，不能光研究蜘蛛腿，还要研究客户需求。"

有一次，华为承接了一项研发工作——为一家银行实现电子化系统。

为了更好地给客户提供他们需要的产品，华为专门成立了解决方案部门。

在这个部门里，不仅有资深的研发人员，还有各业务部门内经验丰富的员工。在对客户需求进行调研后，华为将研发重点放在了金融信息化趋势和客户需求的基础上，放在了为客户解决问题的方案上。结果，研发项目完成后，银行客户非常满意。

在充分理解、掌握标准化的基础上，华为给客户提供了有针对性、个性化的解决方案，准确地满足了客户需求，而这种为客户带来的有价值的服务作风和能力，得到了客户的理解和信任。

任正非在大会上曾说："我们过去的成功是因为没有关注自己，而是长期关注客户利益的最大化，关注客户需求……华为永远聚焦的只有一个，那就是客户。"可以说，对客户需求的关注，使华为在业界形成了差异化竞争优势。

当2011年利比亚战事爆发的时候，许多欧美知名移动设备提供商纷纷在第一时间选择撤离，中国政府也安排专机接送在利比亚的华人华侨。面对这样严峻的人生考验，是选择回到祖国家人身边还是坚守在客户身边，华为不少员工选择了坚守，因为华为员工知道这个时候网络和通信的安全与稳定对于客户是多么重要，因为华为员工知道这个时候是客户最需要他们的时候。

既然客户最需要他们，那么他们唯一能够做的就是留在客户身边，帮助客户确保网络和通信的安全与稳定。当然，华为员工也知道这样的选择会伴随着莫大的风险和牺牲，但是为了客户，为了网络的稳定，华为员工用他们的实际行动为我们诠释了什么是"以客户为中心"。这番坚守也赢得了客户的信赖和赞誉。当利比亚战事结束之后，华为在利比亚获得了远远超越竞争对手的移动通信设备订单。

阿根廷9级大地震时，当地一位著名作家在报纸上撰文："地震发生的时候，老百姓最希望通信畅通，能够给家里人报平安……"而华为人正是那个报平安的"使者"。

任正非说："华为走到今天，就是靠着对客户需求宗教般的信仰和敬畏，坚持把对客户的诚信做到极致，才能做大做强。"事实上，华为近年来也确实在这方面不断实践着。

对客户需求有宗教般的虔诚，这话说起来挺优雅，而实际上落到实处就是拿命入股客服，就是拿命换诚信。当华为人想到，因为修复了通信网络，日本福岛核泄漏会得到及时治理，会抢救出无数人生命的时候，华为员工愿意牺牲自己的身体健康乃至生命，去抢救受苦受难的人。

对客户需求有宗教般的虔诚，就是要在客户心灵深处，建立一种强大的信任：什么时候需要你，你都会出现在身边。这就是国际一流品牌的价值，这就是华为人的胸怀。

很多企业都在学习华为，为什么没有出现第二个、第三个华为呢？原因是只学到了表面，却没能坚守"以客户为中心，为客户创造价值"这个商业常识。

华为的成功源于坚守常识，常识即真理。钱钟书说："真理都是赤裸裸的。"任正非则说："不要把文化复杂化，'以客户为中心'本来就是商业活动的本质，你让客户满意了，公司才能生存。这样一个朴素的常识为什么坚持起来这么难呢？谁坚持下来了，谁就有可能成功。"

做企业就是要发展一批狼

任正非在华为一直推崇狼性精神，他曾说过："做企业就是要发展一批狼。因为狼有三大特性：一是敏锐的嗅觉；二是不屈不挠、奋不顾身的进攻精神；三是群体奋斗的意识。"此话一出，被外界普遍解读为华为的"狼性文化"，这是误解。其实，任正非在华为倡导的是狼性精神，打造狼性团队，并不是什么"狼性文化"。

2018年，任正非在接受记者采访时被提及华为"狼性文化"。任正非表示："'狼性文化'是外部编排讽刺我们的，我们自己没有说过，其来源是我根据生物特性和团队奋斗精神如何结合起来说的。华为不逼迫员工加班，没有996的说法，更没有007。基层的员工想多加一点班也不行，超过时间是没有加班费的。"

那么，任正非为什么要倡导狼性精神，打造狼性团队？回答这个问题，我们还得从狼的三大特性说起。

第一，狼的最大特点是嗅觉敏感，闻到哪里有肉，它们就会跑过去捕食猎物。用任正非的话说，就是要求华为员工要有敏锐的市场意识，知道客户的需求在哪儿，能知道10年、20年后科学技术的方向在哪儿，并快速做出反应。

第二，狼有不屈不挠的群体奋斗意识，一旦确立了目标，拼死拼活也要做成这件事。任正非是希望华为团队要向狼学习，不畏艰难开拓市场。敢抢敢拼的华为员工就是凭借着这股精神，不断地冲进市场去攻城略地，甚至在客户的办公室门口等待5小时只为换取5分钟的见面机会。

第三，狼不是单独出击，而是群体作战，具有团队精神。任正非认为，"企业团队精神很重要，不要总是一个人孤军奋斗，要团队协作，这个世界单打独斗是不会成功的"。

华为用"狼性精神"换来了一个又一个新的订单。他们跑马圈地，虎口夺食，不停向前奔跑，只为一个梦想，那就是：10年之后，世界通信行业三分天下，华为占其一。

脑袋对着客户，屁股对着领导

"脑袋对着客户，屁股对着领导"这是任正非反复对华为干部说的一句话。他认为，大部分公司之所以会腐败，就是因为员工把力气用在讨好领导上，而非用在思考客户需求上。

华为坚持以客户为中心，"脑袋对着客户，屁股对着领导"，明文严禁讨好领导，就连机场接送领导也禁止。

任正非说："客户才是你的衣食父母，你应该把时间力气放在客户身上，在华为只有客户才享有专车接送的待遇。"于是，网络上经常传出，任正非在机场乘坐摆渡车、拉着行李箱排队打车的新闻。

有一年，任正非去新疆办事处视察。当时华为新疆办主任，是一位刚从一线提拔起来的干部，对任正非不是很了解。为了表达对任正非的尊重，他租了一辆豪华林肯轿车去机场迎接。任正非刚下飞机，一看有人开轿车来接他，就指着这位主任的鼻子骂道："为什么你还要来迎接？你应该待的地方是客户办公室，而不是陪我坐在车里。客户才是你的衣食父母，你应该把时间放在客户身上。"

任正非在2010年的一次会议上指出："我们上下弥漫着一种风气，崇尚领导比崇尚客户更厉害，管理团队的权力太大了，从上到下，关注领导已超过关注客户，向上级汇报的胶片如此多姿多彩，领导一出差，安排如此精细、如此费心，他们还有多少心思用在客户身上？"

任正非干脆直截了当地给干部下指令："你们的脑袋要对着客户，屁股对着领导。不要为了迎接领导，像疯子一样，从上到下地忙着做胶片……不要以为领导喜欢你就升官了，这样下去我们的战斗力是会削弱的。在华为，坚决提拔那些脑袋对着客户、屁股对着领导的员工；坚决淘汰那些脑袋对着领导、屁股对着客户的干部。前者是公司价值的创造者，后者是牟取个人私利的奴才。各级干部要有境界，下属屁股对着你，自己可能不舒服，但必须善待他们。"

笔者在华为总部采访时遇到的每一位员工，不论是任职超过10年的资深主管，还是刚加入半年的"菜鸟"工程师，甚至负责接送的司机，都会把"以客户为中心"挂在嘴边。

华为还制定了《客户线行为规范十条》：

1. 服务客户

客户经理的天职就是服务好客户，只有为客户带去价值，才能给公司带来价值。

2. 了解客户

搞客户关系就像谈恋爱，相知才能相爱，必须熟知客户的个人、业务、关注点和痛点。

3. 贴近客户

客户线天生要和客户打成一片，我们不是在见客户，就是在准备见客户。

4. 尊重客户

关系再熟再铁，客户永远是客户，在客户面前，言行不越界，有礼有节。

5. 充分准备

每见客户必策划，重要拜访要演练，对准客户问题，体现客户价值。

6. 礼仪得体

每见客户如初见，尊重客户文化，仪表整洁职业，绝不迟到，手机静音，不看手机，不打断客户。

7. 决不推诿

客户求助不回避，首问负责，现场解决不了带回来，自己解决不了立升级。

8. 决不说谎

假话一定全不说，一次谎言十倍还；真话可以不全说，换位思考再表达；内部策略不乱说，内外有别要牢记。

9. 信守承诺

客户界面一诺千金，承诺不论大小，言必行，行必果。

10. 及时闭环

遗留问题、客户声音当天进MCR并明确责任人，当天输出纪要发给客户；客户邮件24小时内回复，按承诺闭环。

口号人人会喊，但华为坚决落到实处。华为的文化是活的，不是死的。判断一家公司成功与否，要看它的潜规则与显规则是否一致，不能说一套做一套。华为不只言行一致，还相互呼应，这是华为最了不起的地方。

2011年3月11日，日本东北部海域发生里氏9.0级地震并引发海啸。面对生命危险，华为员工不仅没有撤离，还加派人手，为灾区中的当地人提供通信保障，在一天内就协助软银、E-mobile等客户抢通了300多个基站。软银LTE部门主管非常惊讶："别家公司的人都跑了，你们为什么还在这里？"

当时负责协助软银架设LTE基站的专案组组长李兴理回答说："只要客户还在，我们就一定在。"

华为创立30多年来，始终坚持"脑袋对着客户，屁股对着领导"，不断满足客户的需求，持续为客户创造价值，所以，华为不论遇到多大困难都能存活下来。

以客户需求为导向

"以客户为中心，以客户需求为导向"是华为的魂。华为投入了世界上最大的力量搞创新。在如何对待创新这个问题上，任正非有他独到的观点："反对盲目的创新，反对为创新而创新，倡导有价值的创新，必须以客户需求为导向，快速响应客户需求。"

那么，什么是客户需求？如何才能快速响应客户需求呢？

在华为有一个公式：客户需求=需+求。

需，即客户的痛点；求，即客户期望企业提供给自己的产品、服务或解决方案。

很多企业把"需"和"求"混为一谈，盲目主张"引导客户需求"，华为则不然，华为提倡"挖掘客户所需，引导客户所求"。

客户的痛点是无法引导的，就像销售员一上来就向客户推销产品，只会招致客户不耐烦地离开，这正是没有挖掘到客户的真实所需、真实痛点。

想知道客户的"求"——客户需要什么产品或服务，就要先找到客户的"需"——痛点。

企业在挖掘客户痛点时，常会陷入几种误区：第一，错把"我为客户想"当成"客户想"；第二，错把"我觉得好"当成"客户一定觉得好"；第三，错把"某个客户想"当成"所有客户想"；第四，错以为客户永远只要性价比；第五，错把概念化的东西当成现实客户需求。

华为挖掘客户痛点有"十六字方针"：去粗取精，去伪存真，由此及彼，由表及里。"十六字方针"就是为了防止这些问题出现，并且强调多调研、重数据和分析。

任正非曾反复强调，华为的最低和最高使命都是活下去！从研发的角度讲，要想在最低层面活下去，就得最大限度地发现和创造客户的隐性需求，要围绕提升客户价值进行技术、产品、解决方案的持续创新，快速响应客户需求。

在国际化战略中，华为与大多数科技公司只盯着眼前利益的"技术机会主义"态度不同，华为对产品创新投资是具有长远战略眼光的。

华为产品与解决方案总裁丁耘举例说："在2008年，我决定要投资做一颗芯片。我跟团队讲，可能在我的任期内是见不着这颗芯片上市的，但为了长期竞争力还是要投资。果真，等我从研发去了市场，又从市场回到研发，到2011年年底这颗芯片才开发出来。"

华为的"诺亚方舟实验室"就是专门为客户量身打造的创新研究机构。通过对客户个性化需求的研判，创造性地为客户进行"量体裁衣"式的个性化服务，满足各个国家客户不同的需求，是华为创新的动力。抓客户的"痛点"而不是竞争对手的"痛点"，抓客户价值而不是抓产品成本，这就是华为国际化成功的经验。

华为始终坚持以客户需求为导向，每一个项目都会在基于客户业务需求的基础上，为客户提供最佳的产品和解决方案。

同时，华为内部流程也是"以客户需求为导向"。华为有一个产品线的逻辑，即所有产品线应都是直接应对客户的，跟客户的交易是不需要经过其他方的。

任正非要求一线员工"要天天琢磨的是客户，琢磨怎么给客户赚更多的钱"。华为的一线销售最了解客户需求，所以整个产品的创新、研发，是围绕着销售、围绕着客户进行的。

客户需求是多元的，是有层次的，而且是大众化的。为此，华为在全流程和所有的部门都围绕以客户需求为中心去做，满足客户需求。在流程的基础之上，就是组织和资源，组织和资源必须满足以客户为中心，以客户为中心建设客户需要的组织，资源配置向客户服务产生价值的地方倾斜。

在客户需求的作用里面，华为有一个很重要的理念是：从端到端去了解客户需求，以客户需求为导向，去构建客户的能力和自身的能力。

任何一个公司的经营过程都是从销售到服务、产品、研发和财务。客户在中间，以客户为中心，销售要不断地满足客户的市场和购买的需求；服务要满足客户的交付和服务的需求；产品要满足客户对细分的解决方案、细分的产品功能等业务需求；研发要研究客户现有的需求、未来的需求、明确的需求、潜在的需求；财务要研究客户的融资和资金的需求，优化成本的需求等。

华为客户需求的本质是价值、易用、方便和可靠，最终通过渠道和业务达成产品、方案、质量、服务和成本的诉求。所以，客户需求的本质就是产品好、质量好、服务好、价格公道，给客户提供安全可靠、技术领先的产品和解决方案。

质量不好是耻辱

任正非很少在外界公开露面，但在内部的讲话却很多。在"以客户为中心"这一永远不变的主题之外，他讲得最多的就是华为的"质量文化"。

任正非说："质量是华为立身之本，质量文化是华为最基础、最根本、最核心的企业文化，优先满足客户需求则是华为的企业精神。根植在这样的质量意识和服务意识中，是华为对员工最基本的要求。质量不好是耻辱。"

任正非给华为制定的质量方针是：

1）时刻铭记质量是华为生存的基石，是客户选择华为的理由。

2）我们把客户要求与期望准确传递到华为整个价值链，共同构建质量。

3）我们尊重规则流程，一次把事情做对；我们发挥全球员工潜能，持续改进。

4）我们与客户一起平衡机会与风险，快速响应客户需求，实现可持续发展。

5）华为承诺向客户提供高质量的产品、服务和解决方案，持续不断让客户体验到我们致力于为每个客户创造价值。

为确保产品质量，华为每年都召开质量工作汇报会。任正非每次都参加会议并讲话。他多次强调："我们要加强质量文化的建设，要以产品、工程为中心的质量管理，扩展到涵盖公司各个方面的大质量管理体系。大质量管理体系需要介入公司的思想建设、哲学建设、管理理论建设等方面，形成华为的质量文化。"

任正非说："20年前我去阿联酋，当飞机降落时，西亚非洲司司长告诉我，下去就是'中东的香港'。当时我不相信，下去一看，然后就写了一篇文章《资源是会枯竭的，唯有文化才能生生不息》。迪拜是没有一滴油的沙漠，现在比阿联酋还出名，这就是文化造就了沙漠上的井喷。华为也要加强质量文化的建设。目前，公司在质量问题上的认识，仍然聚焦在产品、技术、工程质量等这些领域，而我认为质量应该是一个更广泛的概念。我们沿着现在这条路，要走向新领域的研究，建立大质量管理体系。"

任正非还举例说，德国斯图加特工程院院长带他去参观一个德国工学院，大学一年级入学的学生都在车间里面对着图纸做零件，要把这些零件装到汽车上去跑，跑完回来再评价多少分。经过这一轮，再开始学习几何、理论力学、结构力学等学科，所以德国制造的汽车永远无敌天下。

每个人都愿意兢兢业业地做一些小事，这就是德国、日本的质量科学，没有这种文化就不可能有德国、日本这样的精密制造。

任正非曾访问过日本多家知名企业，他颇有感慨地说："我们为什么不能有这种文化？我们要借鉴日本和德国的先进文化，最终形成华为的质量文化。如果公司从上到下没有建立这种大质量体系，你们所提出的严格要求则是不可靠的城墙，最终都会被推翻。我们要建立大质量体系架构，在中国、德国、日本建立大质量体系的能力中心。"

任正非号召华为人，创新要向美国企业学习，质量要向德国、日本的企业学习。在华为的大质量观形成过程中，与德国、日本企业的对标起到了关键作用。

众所周知，德国产品的特点是以质量标准为基础，以信息化、自动化、智能化为手段，融入产品实现全过程，致力于建设不依赖于人的产品生产质量控制体系。德国强调质量标准，特别关注规则、流程和管理体系的建设；德国有统一、齐备的行业标准，德国发布的行业标准约90%被欧洲及其他国家作为范本或直接采用。德国的质量理论塑造了华为质量演进过程的前半段，是以流程、指标来严格规范的质量体系。

日本产品的特点则是以精益生产理论为核心，减少浪费和提升效率。他们认为质量不好是一种浪费，是高成本，强调减少浪费（包括提升质量）、提升效率、降低成本。与德国的"标准为先，建设不依赖人的质量管理系统"不同的是，日本高度关注"人"的因素，把员工的作用发挥到极致，强调员工自主、主动、持续改进，调动全体员工融入日常工作的"改善"，强调纪律、执行，持续不断地改善整个价值流。这也帮助华为慢慢形成"零缺陷"质量文化以及客户导向的质量闭环。

因此，任正非在华为建立了一套严密的质量管理体系，对质量标准和工艺要求都有严格标准，并且让全员参与、全员重视公司的质量文化，这种文化也渗透到每位员工的工作过程中，体现在各个环节。

任正非指出，"一个企业要成为高质量的企业，最根本的就是文化。工具、流程、方法、人员能力，是'术'，'道'是文化。法国波尔多产区只有名质红酒，从种子、土壤、种植……形成了一整套完整的文化，这就是产品文化，没有这种文化就不可能有好产品"。

华为的质量管理体系和质量文化是在市场不断扩张的过程中学习和积累起来的，每进入一个市场都倒逼着华为不断完善质量管理的方法，提高质量管理的层次，不断吸收欧美、日本的先进经验，对质量的认识也不断深入。

1998年，华为在软件开发上学习CMM（软件能力成熟度模型）标准，规范大家在任何时候都能"把事情做对""做对的事情"。1999年，华为请IBM公司做顾问开展IPD咨询项目，市场部、生产部等各部门共同参与产品研发，不仅倡导"一次把事情做对"，而且要"一次把事情做好"。由此，产品研发效率大大提升。

华为轮值董事长郭平回忆说："那几年华为对质量的要求越来越高，派了很多高层到全球去考察优秀企业如何抓质量。直到2004年前后，华为开始理解什么是大质量管理体系，明确自己的质量方针、质量文化是什么，据此构建了一个全员改进的体系。"

任正非在2015年华为终端公司年中会上直言不讳地指出："我们一定要多听消费者的意见和批评。我经常在网上看到一些写华为的负面文章和评论，大家认为这是'水军'行为，在'黑'我们。我不这么认为，我看文章时，就会去读成百上千的跟帖，看别人是怎样骂华为的，看完后就知道哪些方面需要改进。消费者BG要继续加强开放，改善产品质量，改善为消费者服务的质量，改善供应链关系，以提升战略竞争能力。"

文化的形成是一个系统工程。近几年来，企业界潮起潮落，不断有新的风口，但华为一直是一家很朴素的公司，任正非提出了"脚踏实地，做挑战自我的长跑者"的理念。在保证产品质量的同时，华为还与整个供应链上的合作伙伴共同努力，严把各个环节的质量关，注重客户体验，这也许是华为手机后来居上的原因。

烧不死的鸟是凤凰

任正非有一句名言，叫作"烧不死的鸟是凤凰"。凤凰，是中国古代传说中代表幸福的使者，每500年在其生命即将结束之时，便会投身于熊熊烈火之中自焚，如能重生，则其羽毛更华丽，其声音更清亮，其神态更威严。这就是"凤凰涅槃，浴火重生"的传说。

郭沫若有一首著名诗歌《凤凰涅槃》，歌颂的就是凤凰在火中重生并得到永生。涅槃是佛语中的死而复生。

在华为，任正非始终鼓励员工奋发向上，不要安于现状，应该在有限的职业生涯中敢于挑战自我，在困境中不断提升自己的工作能力，做人做事，要正确对待压力和挫折，做一只浴火重生的凤凰。

任正非在《致新员工书》中写道："'烧不死的鸟是凤凰'，这是华为人对待委屈和挫折的态度。没有一定的承受能力，今后如何能做大梁？其实，一个人的命运就掌握在自己手上。生活的评价是会有误差的，但绝不至于黑白颠倒，差之千里。要深信，是太阳总会升起，哪怕暂时还在地平线下。"

1996年1月，华为发生了一件被内部人称为"惊天地、泣鬼神"的大事——市场部集体辞职。当时，华为市场部所有正职干部，从市场部总裁到各个区域办事处主任，所有办事处主任以上的干部都要提交两份报告，一份是述职报告，另一份是辞职报告，采取竞聘方式进行答辩。公司根据其表现、发展潜力和企业发展需要，批准其中的一份报告。在竞聘考核中，包括市场部代总裁毛生江在内的大约30%的干部被替换下来。

从表面看来，这是华为市场部的一次重大人事变动，而任正非的真实用意却更加深远。

毛生江，他在华为的原工号是009号（注：2007年年底华为进行工号重编，任正非原工号是001号，郑宝用原工号是002号，是常务副总裁），是华为高管，也是华为的元老之一。

1996年年初，毛生江是华为市场部代总裁，在市场部第一次集体大辞职时，他也和市场部其他正职干部一样，向公司同时递交了两份报告，结果他被批准了辞职报告，成为当时被换下来的市场部高层干部之一。但毛生江从市场部代总裁的岗位下来后，他主动学习、充电，提高自己的营销理论水平。两年后，他知道其他地区需要干部，主动请缨。公司批准了他的请求，任命他为某代表处负责人，并组建当地的合作企业。他的爱人知道后不能理解，认为他们在深圳房子也买了，车也有了，舒适的日子不过，去其他地区干什么，还要从头做起，岂不是自讨苦吃？

毛生江仍然坚持毛遂自荐重返市场前线，一是为将自己这两年所学的营销理论用在实践上；二是为重新证明自己的能力和价值。就这样，他重回市场一线，两年后，他将一个绩效中等的代表处，提升成一个绩效优秀的代表处，客户关系、客户服务、销售额和回款都名列各代表处的前茅。后来华为又将他提拔为公司副总裁。任正非说："提拔他为公司副总裁，并不是因为他市场销售做得好，更重要的是看重他良好的心态与自我批判的能力，他能在挫折面前不自暴自弃，而是不断学习、充电，提高自己的管理能力和营销水平，能经得起挫折和磨难的考验。只有在挫折中成长起来的干部，公司交给他更重的担子才放心。"

2000年，任正非在"市场部集体大辞职四周年颁奖典礼"上发表了题为《凤凰展翅再创辉煌》的讲话。他说："市场部集体大辞职对构建公司今天和未来的影响是极其深刻和远大的。我认为任何一个民族，任何一个公司或任何一个组织只要没有新陈代谢生命就会停止。只要有生命的活动就一定会有矛盾，一定会有斗争，也一定会有痛苦。如果说我们顾全每位功臣的历史，那么，我们就会葬送我们公司的前途。如果我们公司要有前途，那么我们每个人就必须舍弃小我。四年前的行为隔了四年后我们来做一次评价，事实已向我证明那一次行为是惊天地的，否则也就不可能有公司的今天。毛生江从某地回来后，他给我们带来的是一种精神，这种精神是可以永存的。我们把这种精神好好记述，并号召全体干部向他学习。毛生江的经历也说明了一个朴素而又深邃的道理——每个人的人生之路不可能一帆风顺，都会有荆棘、坎坷，只要大家不灰心、不气馁，就一定会在挫折和教训中探寻到前进的曙光。"

市场部的集体大辞职活动，是华为自我批判活动的良好开端。自从市场部干部集体辞职之日起，华为的文化第一次由一种和风细雨式的像春风一样温暖的文化，经历了一次火烧，或者一次严寒酷暑的考验，无形之中锻炼和考验了一些干部，使他们经受了挫折和磨炼，在华为蔚然树立了一个干部能上能下、职务流动的风气。正如任正非所说的"烧不死的鸟是凤凰"，这是华为人对待委屈和挫折的态度和挑选干部的准则。如果没有一定的承受能力，今后如何能做大梁？在压力与困难之中突围而出，才能真正成为浴火重生的凤凰。

在"市场部集体大辞职四周年颁奖典礼"上，任正非给1996年集体辞职的干部每人发了一块纯金金牌，作为纪念奖励，并号召公司全体干部向市场部干部学习，做一只浴火重生的凤凰。

任正非用"烧不死的鸟是凤凰"来形容市场部集体辞职事件，是他对市场部集体辞职的干部的一种赞美之喻，揭示年轻人必须经过磨难和洗礼，才能走向"重生"的道理。正是在"浴火重生"奋斗精神的激励下，华为人勇于奉献，敢于挑战困难，敢于承担压力，遇到挫折决不放弃，在失败中不断提升，才取得今日的成就和地位。

一杯咖啡吸收宇宙能量

任正非经常对华为的干部说："一杯咖啡吸收全宇宙的能量。"他要求华为的高级干部和专家要少干点活儿，多喝点咖啡。视野是很重要的，不能老像中国农民一样，关在家里埋头苦干。美国是很开放的，这是我们不如美国的地方。知识不是最重要的，重要的是，掌握知识和应用知识的能力和视野。

任正非强调指出："一杯咖啡吸取宇宙能量，敢于与世界名流喝咖啡，听听人家的想法，开阔我们的视野，也会给我们启发，让我们少走弯路。"

任正非于2017年12月11日在华为驻喀麦隆代表处讲话时说：

一杯咖啡吸收宇宙能量，并不是咖啡因有什么神奇作用，而是利用西方的一些习惯，表述开放、沟通与交流。你们进行的普遍客户关系，投标前的预案讨论、交付后的复盘、饭厅的交头接耳……我都认为在交流，在吸收外界的能量，在优化自己。形式不重要，重要的是精神的交流。咖啡厅也只是一个交流场所，无论何时、何地都是交流的机会与场所，不要狭隘地理解形式。

法国的花神咖啡馆是几百年来文人作家的交流场所；摩洛哥的里克咖啡馆是第二次世界大战期间各国间谍的交流场所，不是有《北非谍影》

吗？老舍茶馆、成都的宽窄巷……是用品位吸引人们去交流的。你约不到人，没关系，在咖啡馆里就有获得邂逅的机会，不仅是学术。

我强调公司要开放，见识比知识还重要，交流常常会使你获得一些启发。我觉得你们年纪轻轻就要走出国门，到了艰苦地区，不要自闭于代表处，自闭于首都，要大胆融入当地社会，更重要的要融入当地的上层社会，因为市场的机会、格局的形成都在他们手里。西方人好运动，你们固守在"闺房"中，如何交朋友？打球去、滑雪去、水上运动去……一切运动都是接近客户的机会。没咖啡，胜似咖啡。

任正非所说的"一杯咖啡吸取宇宙能量"这句话究竟是什么意思呢？我的理解就是倡导开放的思想交流与智慧碰撞，建立属于华为的"罗马广场"，创造一种自由交流的氛围，让专业不同、部门不同、学术背景不同的人都能够自由交流，相互碰撞，激发出智慧和知识的火花和灵感。

在华为内部，这个自由思想的"罗马广场"就是心声社区，让华为人自由阐述自己的观点，即便说错了话，任正非也不会追究责任。

现代信息论的创始人香农曾经说："我在贝尔实验室工作期间，能够自由自在地和不同人士交流，是我创造性灵感的重要来源。"

当年意大利佛罗伦萨大公国的统治者梅迪奇家族赞助众多的科学家、艺术家、诗人、哲学家，经常邀请他们一起聚会讨论，相互争论，互相碰撞，创造出"文艺复兴"的伟大奇迹。

有专家研究发现，技术人员跨界交流或跨界融合是激发创新的重要源泉，学者们将跨界交流和融合的效果称为"梅迪奇效应"。

任正非说："'咖啡杯'里不仅要有学问的科学家，还要有一些'歪瓜裂枣'瞎捣乱，也期望'黑天鹅'飞到这'咖啡杯'中来。我们将在上海青浦基地规划100多个咖啡厅，全部由公司设计装修好，交给慧通的高级服务专家来创业经营，实现服务的专业化、高端化。我们把环湖的十千米路叫'十里洋场'街，把园区中那个湖叫'类日内瓦湖'，湖边路边遍地都是十分优美的咖啡厅，适合现代青年，吸引一切才俊。我们要打造适合外国科学家工作、生活的氛围。一杯咖啡吸收宇宙能量，让外脑们在这里碰撞、对冲，这样就会产生一种新的井喷。"

与此同时，华为还设立创新研究计划，为全世界的高校与科研机构构建了一个虚拟的"咖啡吧"，在这里可以思想交流，技术分享，还可以与华为谈合作。通过华为创新研究计划，华为大力支持全球同方向的科学家，让科学家的研究成果像灯塔一样，可以照亮每个人，不影响科学家去推动产业化。显然，创新需要一种自由交流的氛围和机制，以开放性吸收宇宙能量。

2019年6月17日下午，任正非在深圳与《福布斯》著名撰稿人乔治·吉尔德和美国《连线》杂志专栏作家尼古拉斯·尼葛洛庞蒂进行了长达100分钟的对谈。

任正非在谈话中表示，信息社会是合作共赢的，各国不可能孤立发展。在信息社会，一个国家单独做成一个东西是没有现实可能性的，所以各国一定要走向开放合作，只有开放合作，才能赶上人类文明的需求，才能以更低的成本使更多人享受到新技术带来的福祉。

所以，任正非要求华为高级干部和专家"要多参加国际会议，多喝咖啡，多与人碰撞，因为不知道什么时候就擦出了火花。你可能觉得没有什么，但也许就点燃了熊熊大火让别人成功了。只要我们这个群体里有人成功了，就是你的贡献。公司有这么多务虚会就是为了找到正确的战略定位，这就叫'一杯咖啡吸收宇宙能量'"。

其实，任正非的"一杯咖啡吸收宇宙能量"和西方"咖啡里的世界"都是一种创造集体智慧的交谈方法，一种是工作会议讨论方式，另一种是解决问题的有效方法。几个人坐在咖啡桌旁促膝而谈，通过与其他人交流，从而不断激发新的智慧，创造集体智慧，寻找新答案、新思维、新方法。要知道，未来的社会一定是开放、合作、融合、共赢的。特别对企业管理者来说，如果不具备"一杯咖啡吸收宇宙能量"的心态和能力，就很难把企业持续地经营下去。任正非告诉我们：要想成就有高度的事业，就必须敞开胸怀，拥抱未来，多与智者对话，与名人为伍，与国际同步，与高手过招，只有这样才能成为高手。

唯有文化生生不息

企业文化的重要性不言而喻，但是在中国，真正理解企业文化并实施企业文化战略的企业并不多，而华为文化是最为成功的，企业文化成为华为生生不息的原动力。

企业文化是无形的生产力，好的文化能够激发员工，撬动员工创造更大的价值，获得理想的收成，最终形成良性循环。任正非说过："世界上一切资源都会枯竭的，唯有文化才会生生不息。"

1994年，任正非在《致新员工书》中写道："企业管理就像一座冰山，70%在水下，30%在水上。对于企业而言，水面上30%的部分是规章制度；而真正支撑冰山长期漂浮在水中的则是水面下的70%，就是文化。"

任正非于1997年在华为春节慰问团工作汇报会上讲道：

人类所占有的物质资源是有限的，总有一天石油、煤炭、森林、铁矿……会开采光，而唯有文化生生不息。

以色列这个国家是我们学习的榜样，它说它什么都没有，只有一个脑袋。一个离散了廿个世纪的犹太民族，在重返家园后，他们在资源严重贫乏、严重缺水的荒漠上创造了令人难以相信的奇迹。他们的资源就是聪明的脑袋，他们是靠精神和文化的力量创造了世界奇迹。

华为有什么呢？连有限的资源都没有，但是我们的员工都很努力，拼命地创造资源。真正如《国际歌》所述的，不要说我们一无所有，我们是明天的主人。"从来就没有什么救世主，也不靠神仙皇帝，全靠我们自己。八年来的含辛茹苦，只有我们自己与亲人才真正知道。

……

华为是一个功利集团，我们一切都是围绕商业利益的。因此，我们的文化叫企业文化，而不是其他文化或政治。因此，华为文化的特征就是服务文化，因为只有服务才能换来商业利益。

经历了千难万苦，磨炼了多少宝贵的干部资源，我们要重视培养他们，造就我们事业的中坚力量。在任人唯贤与任人唯亲相结合的干部制度下，造就一个融合的管理队伍的团队。我们说这个任人唯亲就是指认同华为文化，而不是指亲属。对拥有专业技术的新员工，我们要团结爱护他们，放在一定的岗位上使用，而不因暂不具有华为文化而歧视他们。

......

不要把学习英雄停留在口头上，要真正用心去学习。客户服务中心的员工向我们展示的是什么呢？就是最具代表性的华为文化，只有它才会生生不息，把我们带向繁荣。

不要说我们一无所有，我们有几千名可爱的员工，用文化黏结起来的血肉之情，它的源泉是无穷的。

我们今天是利益共同体，明天是命运共同体。当我们建成内耗小、活力大的群体的时候，当我们跨过这个世纪，形成团结如一人的数万人的群体的时候，我们抗御风雨的能力就增强了，我们就可以在国际市场的大风暴中去搏击。我们是不会消亡的，因为我们拥有可以不断自我优化的文化。

"资源是会枯竭的，唯有文化才会生生不息"，这是任正非20多年前的讲话。时过境迁，现在再读一遍，仍然会让人颇为感慨。华为的强大是因为华为很注重企业文化的塑造，使得员工有奋斗激情，干部有凝聚力，团队有战斗力。

华为的成功与其企业文化是密不可分的，而兼容并包的企业文化无疑是华为贡献给中国企业界最有价值的经验所在。

"以客户为中心，以奋斗者为本，长期坚持艰苦奋斗，自我批判"是华为文化的核心价值观，蕴涵着华为的愿景、使命和战略，是华为成功的密码。

笔者观察和研究华为23年，能够深切地体会到华为的成功不是偶然的，而是优秀华夏文化与现代西方管理理念深度交融发展的必然。

在30多年的成长中，文化是华为的灵魂，是推动华为持续有效发展的一大核心要素。向华为学习，就必须了解什么是真正的华为文化。

作为当今最具影响力的商界领袖，30多年来，任正非以其令人荡气回肠的商业智慧和兼容并包的企业文化，不断地激荡着近20万华为人和全球商界。

任正非强调的文化，不仅是华为的企业文化，不仅是每次每天所需执行的流程和制度，而且是文化本身，要积极将文化渗入华为人的自身修养中。在一个知识爆炸与急剧变化的时代，如何培养忠实的追随者，显得越来越扑朔迷离。但凡真正的大企业家，首先应该是思想家，对企业战略有清晰的认识，以自己独特的思想认识影响和指导企业的发展。

对于企业来说，产品可以模仿，技术可以学习，管理模式可以借鉴，流程也可以引进，唯一无法学习和复制的就是企业文化。

1997年7月，任正非视察华为北京研究所并召开座谈会，他在讲话中指出："华为文化首先是不排他性，它不完全是孔孟之道，也不完全是美国文化、日本文化和德国文化，实际上，它兼容了所有文化。只要是好的文化，大家在思想上能接受、能认同，就可以转化为华为文化。所以，华为文化本身是一种开放的、不断学习的文化。如果我们完全封闭地去创建自己的文化，最终是要垮掉的。鸦片战争失败的关键就是闭关锁国，如果我们不以开放的意识向全人类学习的话，华为也是要死亡的。"

其次华为文化还具有兼容性。在华为创立初期，任正非就注重内部管理改进。

任正非于1987年筹资2万元创办华为，2020年公司营收总额达到8914亿元，成为全球领先的信息与通信解决方案供应商。华为原董事长孙亚芳认为，"这得益于公司恭恭敬敬向西方公司学管理"。

通读任正非的内部讲话，我们发现他并不是一个循规蹈矩的人，华为也没有高大上的系统的管理思想。但恰恰是华为独特的、最厉害的地方，不囿于一隅，及时更新。企业在运行过程中一旦出现偏差，任正非就会及时自我批评，予以纠正；管理层一旦飘飘然，任正非就会及时浇冷水，让他们冷静、清醒。

国内很多企业发展到一定程度，就会出现各种各样的问题，是因为它们在按固定的理论指导行事，一旦出现新的问题，而旧有理论又无法解决，企业就陷入一筹莫展的困境，甚至偏离航道。华为没有条条框框的束缚，作战更加灵活，随机应变，运筹帷幄之中，决胜千里之外。

华为文化就是中西融合、博采众长，它既吸收了中国古代道家、儒家文化，又兼容了美国文化、日本文化和德国文化。实际上，它是兼容结合了古今中外东西方文化的杂家文化，它的特点首先就是不排他性、兼容性，在前人的基础上有所发展、有所创新、有所突破、有所改进，使之更加有自己的特色，更加华为化。

同时，华为文化本身是开放的文化，是不断学习与不断自我批判的文化。华为以开放的意识向全人类学习，这才是华为文化真正有力量的地方。

理想主义必定有未来

任正非是一位具有强烈使命感和忧患意识的企业家。在过去的30多年里，任正非反复讲危机和冬天。

2001年，在国际高科技产业哀鸿遍野、进入寒冬，华为却凭借不俗的成绩位居全国电子百强首位时，任正非发表了《华为的冬天》。他在文中写道："10年来，我天天思考的都是失败，对成功视而不见，也没有什么荣誉感、自豪感，只有危机感。也许是这样才存活了10年。我们大家一起来想，怎样才能活下去，也许才能存活得久一些。"

10年前，华为在深圳召开国际咨询委员会，一位华为顾问请任正非展望一下10年、20年以后的华为，任正非脱口而出："坟墓！"

2019年，任正非在接受外国媒体采访时坦言："我曾经患过焦虑症、忧郁症，多次想自杀！"

因此，很多人认为任正非是位悲观主义者，华为的成功是悲观主义者的胜利，是一个悲观主义者（任正非）带领近20万悲观主义者的胜利。

其实，任正非是一位不折不扣的理想主义者，他在华为创立之初就确立了华为的愿景：三分天下有其一。所以他想把华为培养成一棵理想主义的大树。

当第一次看到企业往下走的时候，任正非同样会产生恐惧与担心，患上了严重的抑郁症加焦虑症，但是他的应对方式让他与一般人有了区别。

我们可以用美国前总统富兰克林·罗斯福的一句话来归结逆境领导力法则："恐惧最大的问题就是恐惧本身。克服恐惧最好的办法就是面对内心所恐惧的事情，勇往直前地去做。"

苦难的人生经历和艰难的创业历程，让任正非得出了这样一个论断："物质的艰苦以及心灵的磨难成了我后来人生的一种成熟的宝贵财富。我们是理想主义者，谷歌也是理想主义者，苹果是现实主义者，苹果注定要衰落；而理想主义必定有未来。"

任正非认为，"任何一个国家、任何一个民族，都必须把建设自己祖国的信心建立在信任自己的基础上，只有在独立自主的基础上，才会获得平等与尊重"。

由于受到美国的制裁，2021年华为的销售收入大幅下降。外界都担心华为撑不下去，任正非却自信地说："不要在意一城一地的得失，西边不亮东边亮，华为的征途是星辰大海！"

任正非的思想，不仅是对企业发展的思考，更多的是穿透人类历史和工业文明，悟出一个国家、一个民族的未来。

任正非敏锐地意识到，一个企业遇到困境、挫折是否能够重新振作起来，关键在于企业员工是否能够坦然面对，并保持热情和信心。就如日本企业界那样，虽然身处危机，但斗志丝毫未减，反而更加努力，等待春天的到来。危机能够激发斗志，就像"鲇鱼效应"所揭示的生存哲学一样。

华为管理顾问田涛先生认为，忧患不等于悲观，悲观主义者更多的是在杞人忧天，尤其是对灾难的幻想扩大化，不敢冒险，这种情况在任正非身上几乎看不到。乐观才是任正非个性中的主基调。

理想主义者的任正非和堂吉诃德式的华为，能够走到今天，一个很重要的原因就是商不言政。30多年来，华为从零起步到成为全球通信行业和5G时代的领导者，成为全球500强里唯一进入前50名的中国民营企业，任正非没有任何与政治关联的符号。

华为管理顾问吴春波教授在接受采访时说："悲观主义者是做不了组

织领袖的，这是诗人和艺术家的性格元素，商人可以有忧患感，却必须神经粗糙，而且杰出的企业家无不是堂吉诃德式的理想主义者。"

记者曾经去采访过任正非的一位中学同学，问任正非小时候是个什么样的人。他回答说："他是一个鼻涕邋遢但成天笑呵呵的人！"

任正非常说："一个幸福的人首先就是不抱怨、不回忆，其次是适应环境。人很难做到不抱怨，更难做到不回忆。什么叫不回忆？不对过去的成功沾沾自喜，也不对过去的失败喋喋不休。"

华为创立30多年来，在公司官网上找不到任何的历史描述，在公司任何地方看不到关于华为历史的文字或者图片。面对现实，尤其是面对未来，是华为30多年来始终坚持的组织禀赋。

任正非把公司99%的股份分给了公司员工，自己只留了1%。华为管理顾问田涛这样评价任正非："任总是一位理想主义者。战胜自我是一件不容易的事情，如果没有一个宏大的理想，是很难做到的。毋庸置疑，绝大多数企业家都以赚钱为目标，唯有少数企业家不把赚钱当作唯一的目标，甚至在一定程度上赚钱不是他们的根本目标，他们有比赚钱更宏大的理想。"

胸怀远大理想是优秀企业家一个非常重要的领导力特征，就是具备强大的信念、充沛的激情、坚定的意志力，乐观乃至于天真。这个特征在任正非身上表现得尤其明显。可以说，如果任正非不是一个坚定的，甚至不可救药的乐观主义者、理想主义者，就不会有华为的今天。华为文化同样是一种英雄精神主导的文化。

伟大的背后是苦难

华为原董事长孙亚芳深有感触地说："成功的背后都是苦难，回顾华为30多年的发展历程，全是一把辛酸泪！"

2015年1月，华为发布了一幅广告，广告画面上的人物不是影视明星，而是一双伤痕累累的芭蕾脚，上面写着罗曼·罗兰说的一句话：伟大的背后都是苦难！

华为的这张芭蕾脚图片，是美国摄影家亨利·路特威勒的摄影作品集《芭蕾舞》中的一张。路特威勒花了四年时间拍摄这组芭蕾舞照片，其中的芭蕾脚照片荣获大奖。

任正非感慨地说："我看到这张照片就怦然心动。芭蕾脚这幅作品所呈现的，就是芭蕾舞的极致美丽与背后的汗水，这不正是华为的真实写照吗？华为就是凭一双烂脚走到了今天！于是，就买断了这张照片的版权和使用权。"

华为亮出他的"芭蕾脚"，让全世界看到华为成功背后所经历的不为人知的苦难，给人一种向上的精神力量。

位外国的总理看到华为的"芭蕾脚"广告，感动地说："这个广告非常有意义！这样的故事要讲给大家听，一定会得到很多人的认可，并使他们进一步了解华为。"

2018年12月1日，美国指使加拿大非法扣留了在加拿大机场转机的华为副董事长、首席财务官孟晚舟。

当天晚上，孟晚舟发了个朋友圈："我在温哥华，已回到家人身边。我以祖国为傲！谢谢每一位关心我的人。"文后她还配发了华为"芭蕾脚"的广告图片。

任正非在接受记者采访时说："英雄自古多磨难，没有伤痕累累，哪来皮糙肉厚呢？这次磨难对孟晚舟的人生和意志是一种锻炼，并不绝对是坏事。"

笔者认为，华为逆境领导力的魂魄就是永远的奋斗精神。在困难面前，不退缩、不泄气，愈挫愈勇；在顺境之中，永远不会骄傲自满——这是华为奋斗精神的两大表现。背后则是，华为永远觉得自己与伟大目标之间还有很大的距离，因此永远不会骄傲和怠惰。正如任正非在2006年度过巨大危机之后所说的："艰苦奋斗是华为文化之魂。无论是现在还是将来，除了艰苦奋斗，还是艰苦奋斗。"

"自古英雄多磨难，从来纨绔少伟男。"自古以来，凡是成就大事的英雄豪杰都经历过很多磨难。

"人们总是崇尚伟大，但当他们真的看到伟大的面目时，却止步了。"罗曼·罗兰的这句话，在半个多世纪之后，在中国的华为找到了它最契合的注解。

第7章

管理哲学：华为成功的
神秘力量

华为要全球化，关键是要多了解西方社会的哲学、历史和文化，懂得他们的文化价值观，这样才能增进彼此的沟通和了解，以融入全球化。基层员工学不学习哲学不重要，只要踏踏实实努力工作就行，但是中高层干部要学习一点哲学，因为哲学是人生的罗盘。

——任正非

哲学是人生的罗盘

华为，从一家小作坊成长为中国企业的标杆和世界500强企业，是什么使华为快速发展？用华为创始人任正非的话说，"是一种哲学思想，它根植于广大骨干的心中"。

任正非曾深入研读过彼得·德鲁克、稻盛和夫的著作，对他们从人性和哲学高度，而不是从技术层面来思考管理产生了强烈的共鸣。

任正非认为："从哲学历史高度来揭示普遍规律，才有穿透性、指导性和震撼力。"

任正非还号召华为干部要学习哲学。任正非说："华为要全球化，关键是要多了解西方社会的哲学、历史和文化，懂得他们的文化价值观，这样才能增进彼此的沟通和了解，以融入全球化。基层员工学不学习哲学不重要，只要踏踏实实努力工作就行，但是中高层干部要学习一点哲学，因为哲学是人生的罗盘。"

任正非是一个酷爱学习的人，出差期间必带的物品就是书籍。他技术出身，知识面广，胸怀远大，眼界开阔，富有思想。他在部队服役时就是"学毛标兵"。他现在虽然已经77岁了，但思想始终处于高度开放的鲜活状态，思维非常敏捷，讲话逻辑性很强，而且富有哲理。这一点我们可以从他的讲话和文章中得到证实。

在任正非的思想体系中，你不仅可以看到中国古代传统的哲学智慧，比如"无为而治""力出一孔，利出一孔""深淘滩，低作堰""自利则生，利他则久""财聚人散"等，也可以看到近代毛泽东思想中的"批判与自我批判""农村包围城市"；不仅可以看到古希腊神话中的丹科，而且可以看到美国第二次世界大战期间的英雄人物"蓝血十杰"；不仅可以看到"凤凰""乌龟""狼狈"，还可以看到"黑寡妇""猫头鹰"，甚至"眼镜蛇"；至于"青纱帐""土八路""上甘岭""炮楼"等更是比比皆是。

华为所有的管理运动，要么是学植物，要么是学美国、学毛泽东、学军队，都是通过生活化的案例进行学习。

任正非是一位兼具哲学思想与人文情怀的企业家，也是一位史学发烧友，始终"以史为鉴"。我们可以从任正非所写的文章中和内部讲话中体味到这位伟大企业家的思维轨迹，以及他是如何做企业的；可以更切近地感受到任正非，更真实地感受到华为的过去、现在和未来。

2009年，任正非在游览四川都江堰时，从李冰父子治水的故事中得到启示，写了一篇《深淘滩，低作堰》的文章，第一次明确提出："将来的竞争就是一条产业链与一条产业链的竞争。从上游到下游的产业链的整体强健，就是华为生存之本。"常识推到极致就是宗教。这句话用在任正非和华为的身上是恰如其分的。

2003年，任正非邀请北京大学哲学系的张世英教授、韩水法教授、李中华教授和王博教授以及中国社科院的庞朴教授、余敦康教授和原海军政治学院的吴琼教授为华为总监以上干部做哲学培训，讲授"西方现代哲学论和谐相处""新教伦理与资本主义精神""周易与思维方式""无用之用——老庄的智慧""说无谈玄""回到轴心时代""战争指导规律与大战略"等课程。

任正非亲自听课并与老师们互动。在授课中，庞朴教授曾问任正非，为什么邀请他们讲授和企业经营管理没有多少关系的哲学课程，任正非的回答是要给华为干部的头脑松松土，浇浇水。换句话说，就是要提高管理干部的哲学素养，开阔视野，重塑思维模式，以适应新的挑战。这也充分体现了任正非在企业哲学思想方面的境界与干部培养方面的良苦用心。

在任正非看来，"只有产生一批设想挖掘'巴拿马运河、苏伊士运河'这样具有大视野的思想家和战略家，华为才能称得上国际企业。华为要想走向世界，必须培养出有大局观的人才，具备敏锐的市场洞察能力"。因为，他深知：随着自己的渐渐老去，华为迟早需要新的"船长"带领华为继续劈波斩浪。

任正非告诉华为高管："如果我们的队伍都只会英勇奋战，思想和方向错了，那么我们越厉害，华为未来的发展就越有问题。所以我们希望你们中间能产生思想家，不光是技术专家，要产生思想家，构筑未来的世界。将来华为的轮值董事长要做思想家，手脚都要砍掉，只剩下一个脑袋，首席执行官也要做一名战略家，应该站在全局视野上看系统结构，先将其屁股砍掉，让其不能坐在局部利益上。"

华为的经营管理哲学主要与创始人任正非的经历、背景、学识、环境及思考有关，而任正非的思想原理主要来自三个方面：中国传统文化、毛泽东思想和军队文化等、西方现代商业文明。

再看看针对军事上的劳动、纪律、对抗等，华为诞生了如下管理思想：建立一支和红军唱反调的蓝军；项目管理铁三角：核心成员、项目扩展角色成员、支撑性功能岗位成员；胜则举杯相庆，败则拼死相救；让听得见炮声的人来决策；铁军是打出来的，华为的兵是爱出来的。这些促进了以客户为中心、市场服务、策略制度的实现。

针对西方商业文明以及科学管理制度，华为产生了理性权威、干部九条、轮值董事长制度、绩效管理、IPD、BLM、PBC等思想与制度体系等。

《华为基本法》就是中西融合的：从创始人管理，到规范化的科学管理；客户是华为存在的唯一理由的不变性；抓思想权、文化权，将其作为最大的管理权；价值观的管理一体化归宗，通晓人性的管理以及理性权威的融合；价值创造、价值评价、价值分配的合理性。

任正非在华为干部会议上说："我的水平为什么比你们的高？因为我从每一件事情（成功或失败）中，都能比你们多体悟一点点东西。"他的这种体悟，就是将事情背后的逻辑与自己的思维、决策打通。所以，其管理哲学、管理思想能指导企业经营管理策略的制定。

其次，管理哲学和管理思想为战略制定、战略规划指明了正确方向。《华为基本法》基本上凝聚了任正非的管理哲学与管理思想。

《华为基本法》是中国企业第一部"宪法"，该法于1995年着手起草，1998年制定完成，2000年在业界大流行，2005年后遭遇经营环境嬗变的挑战，华为开始对基本法进行修订，2010年提出"以客户为中心，以奋斗者为本，长期坚持艰苦奋斗"的核心价值观，在此基础上，又进一步形成了"开放、妥协、灰度"的华为管理哲学。

任正非曾说："《华为基本法》是华为在宏观上引导企业中长期发展的纲领性文件，是华为全体员工的心理契约，是对华为管理思想、管理制度的一次综合表述与总结。"

《华为基本法》包含了任正非的管理哲学中最精准有效的管理思想，

为所有华为人提供了行动上的指引。《华为基本法》告诉中国企业，若想实现可持续性增长与发展，需要有自己的管理哲学。

管理哲学、管理思想可以管企业几十年基本不变，而战略可能只管企业三五年，甚至在更短的时间内失效。

任正非说："以前我们就讲过华为什么都不会留下，就剩下管理。为什么？因为所有产品都会过时、被淘汰，管理者也会更新换代，而企业文化和管理体系则会代代相传。因此我们要重视企业在这方面的建设，这样我们公司就会在奋斗中越来越强。"

周留征博士在《华为哲学》中写道：中国自古以来一直存在着义利之争，形成了各种各样的义利观。义指的是特定的伦理规范和道德约束，利则指的是物质利益。对二者关系的不同看法形成了不同的义利观。

企业作为一种功利性经济组织，是以逐利为根本的。因此一般的企业老板都把利作为经营企业的第一要义。而任正非在"义利观"上实现了超越。他强调企业是功利性组织，企业的使命首先是活下去，如果没有利润，企业就会死亡。企业同时也是社会性组织，必须守法经营，合法纳税，创造就业。

任正非要求华为员工热爱祖国、热爱人民、热爱华为，关心国家和民族的前途命运。在利益的分配上，和一般的企业老板不同，他把个人利益看得比较轻，愿意和员工分享公司发展创造的财富。无论是从华为的股权结构还是华为的薪酬制度上，任正非都做到了最大限度地分享。一直秉承"要活大家一起活"观念的任正非认为，企业赚了钱首先要大家分，大家都有份才会愿意跟着他干。

在法律制度还不规范的时候，华为的全员持股制度已经开创了中国企业的先河。任正非在华为个人持股仅有1%，其余股份由大多数员工共同持有，也正是由于任正非有如此的胸怀和魄力，华为才集聚了一大批优秀人才并发扬艰苦奋斗的精神，成就了华为今日的辉煌。这是一般企业家难以企及的大智慧，也正是这种大智慧使华为一直乘风破浪，奋勇前行。

30多年的发展历程，不仅成就了华为，也形成了任正非独特的企业哲学思想。当任正非说"哲学改变中国"的时候，也意味着他已经不仅着眼于目前的华为，而且开始思考华为的未来和中国企业的未来。

不做完人

我们每个人都希望自己变得优秀，都想改正所有的缺点，用尽自己一生努力成为一个完美的人，而任正非奉劝大家不要做完人。

在任正非看来，"完美的人，就是没用的人，一看这个人总是追求完美，就知道他没有希望"。

2008年6月，任正非在华为干部座谈会上指出："完人实际上是很少的，我不希望大家去做一个完人，因为做完人很痛苦。我们为了修炼成一个完人，会抹去身上许多棱角，自己的优势往往被压制，成了一个被驯服的工具。"

任正非对此有过精辟的阐述，他认为，"外部的压制并不会使人的本性完全消失，人内在本性的优势，与外在完人的表现形式，不断形成内心冲突，使人非常痛苦。在人生的道路上，我觉得充分发挥自己的优势最重要"。

任正非坦言："我从小到大就是一个很有争议的人，如果不是这个世界宽容地对待我，我也没有今天。要看人的优点，不要老看缺点，不要求全责备，这个世界上没有完人。我自己的英文不好，但我对逻辑及方向的理解是个优点，为什么一定要去弥补自己的缺点呢？如果用过多精力去练习语言，可能对逻辑的理解就弱化了。我放弃对语言的努力，集中发挥我的优点，这个选择是正确的。对我来说，可能英文好，在人们面前会很风光，但我对社会贡献的价值就完全不一样了。于是，我就集中精力充分发挥我的优点。所以，我希望大家不要努力去做完人。如果一个人把自己一生的主要精力用于改造缺点，那么等改造完了对人类还有什么贡献呢？如果我们所有的辛苦努力，不能对客户产生价值就毫无意义。"

伟大的物理学家爱因斯坦曾被老师怀疑智力缺陷，美国前总统林肯也因口吃问题而被人嘲笑。然而，他们都没有因此否定自己的价值。

任正非在接受媒体采访时说，自己身上也有很多缺点，脾气暴躁，在家里常被老婆孩子责怪，但是这些并不妨碍他成为一名伟大的企业家。

或许，你在某一方面不够出色，但是没有关系，缺点人人都有。

心理学家研究发现，"完人"有急切的成功欲、表现欲，什么工作都想做好，最终结果却是没做出亮点，平平庸庸。所以，任正非认为"完美的人，就是没用的人"。

那么，我们该如何面对自身缺点，才能称得上是健康、积极的呢？

任正非告诉大家，"人人都有缺点，有缺点很正常，不要去改正所有的缺点做个完美的人，要把精力放到自己的优点上，最大限度发挥自己的优点"。

所以，任正非希望大家不要过多关注缺点，多关注自己和他人的优点。华为用人不求全责备，用人所长。当然，在道德品质上必须一票否决。

俗话说，"金无足赤，人无完人"。不论是手握大权的总统，还是富可敌国的世界首富，抑或是魅力十足的明星，有谁敢说自己是完美的呢？而且，用发展的视角来看人的一生，也不难发现，每个人都是从弱小中不断获得成长，才逐渐变得强大起来的。因此，任何的不足、短板、缺点都有可能长期伴随着我们。如果明白了这一点，我们就不会因此而痛苦。

所以，任正非希望华为员工要学会接纳不完美的自己。当接纳自身的不完美时，那个一直指责自己的声音就消失了。当从自我指责中解放出来的时候，我们就会快乐地把精力放到自己的优点上，发挥自己的长处。

当不再指责自己的时候，你就获得了最宝贵的勇气；当敢于向别人坦诚自己的不足，最大限度发挥自己的长处的时候，反而会取得意想不到的成果，赢得他人的赞赏。

如果不想成为一个音乐家，就完全没必要去弥补音乐这块短板。你要做的是用全部精力，把自己的长板做得足够长。

正如任正非所说的："人的一生是很短的，我只做我这块长板，再拼别人的一块长板，拼起来就是一个高桶了。"这就是任正非成功的经验。

在这个世界上，每个人的基因都是不同的。有高有矮，有黑有白，有丑有美。有些性格缺点的根源来自遗传基因，可能终生都很难改变。因此，我们与其把有限的精力浪费在与基因对抗上，倒不如把有限的精力用在发挥自己的特长上。与其做一个完美的人，不如做一个有特长、有价值的人。

利他思维

凡是伟大的企业家，都懂得通过"利他"来成就自己。任正非就拥有"利他思维"的企业家，可以说，华为的成功离不开他的"利他思维"。

什么是利他思维？就是指处理利益（物质与精神）关系时，不但想现在，还要想将来；不但想自己，还要想他人。

用任正非的话说，就是凡事站在对方的角度考虑，主动为客户和员工输出价值。你为客户和员工创造多大价值，你就有多大价值。

任正非有两句名言："为客户创造价值，为员工创造机会。""只有先成就员工，员工才能成就公司。"

任正非在经营过程中，本着"合作共赢"的理念，最大化为客户输出价值。在他看来，"只有客户的成功，才有华为的成功"。在员薪酬方面更是舍得给，正如他所说："钱给多了，不是人才的人也变成人才。"

任正非非常推崇日本"经营之圣"稻盛和夫"敬天爱人，自利利他"的经营哲学。他经常对公司高管说："对员工和合作伙伴要常怀感恩之心，多做利他之事，利他就是最大的利己，利他是企业成功的关键。"

"利他之心"是稻盛和夫经营哲学的精髓。他曾创办京瓷、第二电信两家世界500强企业，成功拯救日本航空，是任正非学习和推崇的企业家。

任正非说："稻盛和夫是一位白手起家的传奇人物，也是日本战后经济奇迹的缔造者和重要的见证者之一，成就了两家世界500强企业。在商海历经浮沉的稻盛和夫即使在最忙碌的时刻，也没有忘记心灵的追求。他一直在潜心研究哲学与宗教，始终都在追问一个终极问题——作为人，何谓正确？稻盛和夫哲学的根本就是'敬天爱人，自利利他'，这不仅是他的人生哲学，也是他经营哲学的根本。"

任正非认为，"敬天爱人，自利利他"不仅是企业家的经营追求，也是职场人士的工作动力；不仅是领导的管理哲学，也应该是每个人的处世哲学。

所谓利他，即将对方的利益放在第一位，先考虑对方的利益，再考虑自己的得失。

在任正非看来，"利他之心"不仅是一种人生豁达的境界，更是企业竞争力和领导力的源头。在企业经营中，领导者只有做了有利于员工、客户的事情，才会得到同样的有利回报，经营起来才会得心应手。

"利他之心"就像物理学中最简单的作用和反作用的原理，如果你让对方受益了，同样你也会从对方身上受益。

任正非童年时家里很穷，家里有七个兄弟姐妹，只能依靠父母的微薄收入以维持生计。身为老大的任正非，从小就学会要与父母一同扛起责任。在那个吃不饱穿不暖的年代，他的母亲从不多吃一口饭。她说："要活大家一起活。"

任正非后来回忆说："如果我小时候多吃一口面包，弟弟妹妹都有可能饿死。"童年时的经历让任正非懂得，做人必须要利他。

任正非说："对企业来讲，利他之心至关重要。这意味着企业愿意为员工或者客户提供尽可能多的利益与好处，让他们感受到来自企业的真诚与用心，进而让他们能够体验到企业的优质服务与人性关怀。"

笔者给大家讲一个任正非利他的故事。

华为有一名技术骨干向公司递交了辞职申请，任正非特别看好他，便多次挽留他，遗憾的是，这名员工因家庭原因坚决要走，任正非这才死心。

但任正非非要拖一段时间，等到12月31日才同意他的离职申请。很多人认为任正非是故意拖着人家，后来才知道他的良苦用心。

原来华为有规定，每年12月31日前离职的员工，一律不发放年终奖。那名员工后来拿到了200万元的年终奖，那是他在华为拿过的最高的一次年终奖。

任正非始终如一地以利他的价值观要求自己。当其他公司想尽办法压缩员工成本来盈利时，任正非已经让员工参与公司利润的分享中，每名员工都是利益的相关者，公司也最终赢得了员工的忠心。

任正非和稻盛和夫都是商界具有传奇色彩的企业家，一个是中国的商业领袖，一个是日本的"经营之神"。

2011年，任正非邀请稻盛和夫到华为总部参观访问，两个人进行了闭门交流。

两位伟大的企业家惺惺相惜，相见恨晚。稻盛和夫的《活法》里有几个核心观点，都来自中国传统的哲学思想。

稻盛和夫说，无私本就是一种强大的领导力。如果企业的领导者在开创和推动一项事业时的出发点都基于"想要让自己发财"或者"想要对自己产生好处"，就自然无法获得员工的信赖与尊敬，而在这种领导者的管理之下，企业的经营活动也将无从得以顺利进行。一名领导者要想将一个组织团结在一起，使其获得成长和发展，就必须具备"无私"胸怀，如果一个人缺乏这样一种特质，他就不足以成为一名领导者。

稻盛和夫在经营管理中不掺杂任何私心。作为日本第二电信的管理者，他手上连一分股权都未曾持有，但给员工都提供了购买公司股票的机会，让员工从第二电信中获得资本收益，以此来表达对员工为公司鞠躬尽瘁的感激之情。

稻盛和夫这样评价任正非："任正非的探索非常了不起，特别是在有效发挥广大一流智商人物的作用方面，超过京瓷，超过日本的其他企业！"

稻盛和夫还赠送了两本签名书给任正非。后来稻盛和夫创建的京瓷与第二电信还成为华为的合作伙伴。

其实，任正非与稻盛和夫的经营思想颇为相似。任正非在创办华为之初，就推行全员持股制度，并将99%的股份让员工持有，与劳动者共享企业发展成果。全员持股既是任正非的一种理性自觉，也是一种利他精神的体现，是对"利他之心"这句话最好的诠释。

任正非认为，"稻盛和夫之所以这么出名，不仅是因为他的公司知名度高，更重要的是，他的经营管理思想影响了很多后来的企业家"。

任正非认为，"稻盛和夫做的精密陶瓷，不是你生活中看到的陶瓷，而是电子陶瓷等功能陶瓷，他已在引领一场实实在在的新材料革命，并将极大地推动通信业和互联网的发展。他几十年如一日地精进，做到了全球第一，我们只有追随的份儿。我们华为拥有全球一流的数学家，但他拥有全球一流的化学家与物理学家，我们赶不上他"。

任正非还说："我读过很多书，我喜欢稻盛和夫的书，从他的身上学到了很多东西，在他经商思想的影响下，华为才走到今天。"即便现在，任正非也经常研读稻盛和夫的著作。

我记得《一代大商孟洛川》中有一句话：于己有利而于人无利者，小商也；于己有利而于人亦有利者，大商也。

如今华为虽然受到美国的极限打压，但在"利他思维"驱动下，不仅没有垮掉，反而变得更强大，即将摆脱对美国技术的依赖。

任正非的强大告诉我们，经营企业，一定要有利他思维。如果只考虑自己，很难走得远，很难有大的成就。你的成功一定要与"利益相关者"的成功绑在一起，尤其是在实体企业，这种"共生"生态非常重要。正如任正非所说："生意之道，不是用利己的方式达到利己的目的，而是用利他的方式达到利己的目的。"

近几年来，国内很多企业构建"生态"。"生态"实际上就是合作共赢，是利他思维，唯有如此，才能得到客户的尊重，赢得员工的忠心。

有舍才有得

任正非是中国民营企业家中最舍得与员工分钱的老板，华为员工不仅工资高，福利待遇好，而且拥有股权和分红。

在创建华为之初，任正非在华为实行全员持股制度，让员工共同分享公司的发展成果。分享是企业家精神的动力。任正非懂得"财聚人散，财散人聚"这句话的道理，他懂得分享，善于分享，以此激发组织活力。

众所周知，华为员工的薪酬福利在中国民营企业乃至全球同行业都是数一数二的。任正非在创建华为之初就提出："华为给员工提供有竞争力的薪酬福利待遇，让员工体面地生活。"

近20年来，华为的业绩一直节节攀升，与此相应，员工的薪酬也水涨船高。华为2017年的年报显示，华为实现全球销售收入6036亿元，同比增长15.7%，净利润475亿元，同比增长28.1%。

在业绩大幅增长的同时，华为员工的薪酬也增长迅速。华为2017年的年报显示，当年支付员工费用为1402.85亿元，比2016年的1218.72亿元增长了15.11%。

此外，华为2017年在离职计划项目下还发生了162.79亿元费用，相比2016年的146.17亿元增加了16.62亿元。

截至2017年年底，华为拥有18万名员工，人均年薪为68.89万元。这一平均年薪水平，较2016年普涨10万元。

截至2017年年底，华为持股员工80818人。华为下发的"关于2017年虚拟受限股分红预算通知"显示，2017年华为虚拟受限股每股预测收益为2.83元，预测现金分红每股为1.02元。

任正非在《一江春水向东流》中写道："我创建公司时设计了员工持

股制度，通过利益分享，团结起员工……仅凭自己过去的人生挫折，感悟到与员工分担责任，分享利益……这种无意中插的花，竟然今天开放到如此鲜艳，成就华为的大事业。"

四通集团联合创始人段永基曾造访华为，问任正非持有华为公司多少股权。

任正非回答："我占的股份微乎其微，只有1%！"

于是，段永基说："那你有没有考虑到，你只占1%的股份，有一天别人可能联合起来把你推翻，将你赶走？"

任正非回答："如果他们能够联合起来把我赶走，我认为这恰恰是企业成熟的表现。如果有一天他们不需要我了，联合起来推翻我，我认为是好事。"

全员持股和利益分享机制的建立，反映了任正非对员工利益的基本态度，体现了他对员工的真正尊重，因为人的最基本诉求首先是利益获取的问题。也许，这就是华为成功的最大秘密。

舍得，有舍才有得。舍得是一种人生的哲学，小舍小得，大舍大得。舍得，是一种精神，是一种领悟，是一种智慧，更是一种人生的境界。

静水潜流

任正非在华为强调管理和变革要静水潜流，沉静领导，灰色低调，踏实做事，不张扬，不激动。静水潜流之道就是表面看似一种平静，其实不然。

任正非说：

水代表世界上最柔弱的东西，但又是战胜其他事物最强大的力量。《老子》就有，天下莫柔弱于水，而攻坚强者莫之能胜，以其无以易之。

上善若水。水善利万物而不争，处众人之所恶，故几于道。水，以柔克刚，弱者也即强者，天下莫能与之争。

静，是一种没有摇旗呐喊的张扬，不显山不露水，不虚张声势的收敛，是一种蒋干盗书，看似漫不经心，其实是目标明确，精心策划，含而不露，心机深藏，一切都在不言之中达到目的。静，并不是真的平静，真的什么都没做，而是表面看起来平平静静，其实春雨润物，水滴石穿，蕴藏着巨大的能量，是"于无声处听惊雷"。

假如你不知水之深浅，拿起石头往水里扔，水花溅得起响，水声越响亮，水就越浅，而溅不起什么水花，没有多大的水声，那水一定深不可测，其蕴藏着的力量是巨大的。这就叫作"静水潜流"。

......

我们安安静静地应对外界议论就好，该干嘛干嘛，两耳不闻窗外事，一心干好自己的工作最要紧。个人或者团队都需要一颗去除浮躁的内心，或许每个人的境界不同，但至少要努力在昨天的基础上进步一点，脚踏实地地做好自己。你做好了，团队就好了。虽然没有完美的个人，但有完美的团队。每一股清泉汇聚在一起，成为表面平静的流水，而下面的水可能很深、很急，是因为我们都在艰苦奋斗。

2019年2月，在巴塞罗那举行的世界移动通信大会（MWC）上，华为展区的设计主题是"光而不耀，静水潜流"。

在这次会上，华为发布的Mate Xs折叠屏手机让人惊叹，而笔者想到的是，没有长期的沉潜和积累，不弯下腰俯下身耕种，持续创新，潜心耕耘十年二十年，怎么可能惊艳绽放呢？

光而不耀，静水潜流，犯其至难，图其致远。这是华为折叠屏手机的力量，深潜的力量，内蓄的力量，更是生生不息的创新力量。

2019年11月5日，一名华为员工在心声社区发布5000字的实名帖《研发兄弟们对不起，我尽力了——实名来自2012人力资源部》，投诉人力资源部上级，举报其不作为。该事件在华为内部掀起滔天巨浪，并且舆论基本上倒向一边。让人想不到的是，此事引起了任正非的关注，他不仅没有捂盖子，还亲自写按语，将此事向全社会公开。

任正非在按语中说："发现一件事、一个人的不合理是容易的，解决全局平衡的红军要动许多脑筋。要互相宽容、互相理解，我们的干部、HR要虚怀若谷，闻过则喜，注意方法。尤其是战时不宜大风大浪、大起大落、波涛滚滚，改革要静水潜流。"

任正非所说的"静水潜流"有两层意思，一是管理变革必须循序渐进的改良，而不是翻天覆地的激进式改革。30多年来，华为做了大量的管理变革，但是华为的变革方式并不是推倒重来，而是静水潜流。二是要求华为的干部要虚怀若谷，闻过则喜；管理要注意方法，沉着冷静；工作中要低调踏实，耐得住寂寞，甘于平淡，不受外来因素的干扰，专注于自己的目标。只有这样，华为这艘大船，即便遇到外部的惊涛骇浪，内部也不会自乱阵脚。

无为而治

"无为而治"是一种管理的最高境界，是趋向于没有管理的管理、自动自发的管理。

任正非在管理实践中也一直推崇无为而治的管理理念。1998年，任正非在《由必然王国到自然王国》一文中写道：

华为第一次创业的特点，是靠企业家行为，我们要淡化企业家个人色彩和强化职业化管理。只有当一个企业的内外发展规律真正被认识清楚，管理才能做到无为而治。

管理控制的最高境界就是不控制也能达到目标。这实际上就是老子所说的"无为而无不为"。好像我们什么都没做，公司怎么就前进了？这就是我们管理者的最高境界。

谁也不会去管长江水，但它就是奔流到海不复还。公司将来也要像长江水一样，不需要老板成天疲于奔命，就自动势不可当地向成功奔去。当然，这需要一个过程。

为什么成功的外国公司的大老板成天打高尔夫球，而我们的高层领导疲惫不堪？就是因为我们还未达到"无为而无不为"的境界。"无为而无不为"体现的是，好像不需要怎么管，但事物都在前进，为什么？

一个企业的内外部发展规律是否被真正认识清楚，管理是否可以做到无为而治，这是需要我们一代又一代的优秀员工不断探索的问题。只要我们努力，就一定可以从必然王国走向自由王国。

我在《华为的红旗到底能打多久》一文的最后讲到了长江水：管理，就像修好堤坝一样，让水在长江里自由奔流。水流到海里，蒸发成空气；雪落在喜马拉雅山上，又化成水；水流到长江里，又流到海里。海水蒸发，循环不止，不断升华。这就是最好的无为而治。这种无为而治就是我们要追求的目标。

我们不是靠人来领导这个公司，我们用规则的确定性来对付结果的不确定性。人家问我："你怎么一天到晚游手好闲？"我说，我是管长江堤坝的，长江不发洪水就没有我的事，长江发洪水不太大也没有我的事。我们都不愿意有大洪水，但即使发了大洪水，我们早就有预防大洪水的方案，也没有我的事。

所谓"无为而治"，并不是指管理者什么都不管，将企业的一切抛到脑后。而是指管理者在管理企业时，不需要每日奔波劳累，能够自然地、轻松地让企业在正轨上运行。

任正非所说的无为而治，"无为"并非什么都不做，而是要遵循大千世界的规律，尊重人的个性，有所为有所不为。

如何才能做到无为而治？

任正非提出，"优秀经理人治理下的公司、部门，一切都有条不紊地在运作，员工甚至不大感觉到管理的存在，而团队绩效却很突出，因为管理的最高境界就是无为而治。只有当一个企业的内外发展规律真正被认识清楚，管理才能做到无为而治。"

创业之初，华为的员工很少，华为的管理还是偏向于依靠人力，一般都是设置相关的管理部门和人员，但是管理的制度非常有限，管理的能力也有不足，导致华为的管理一直处于浑浑噩噩的状态。随着华为的规模不断扩大，员工越来越多，管理者开始感到力不从心，出现的纰漏也越来越多。

最为明显的问题就是，管理者的权力太大，无论是在什么岗位、什么地方，都有管理者的影子，而员工成了摆设，或者说员工成了管理者权力下的执行者，员工没有自己的想法和自觉性，管理者要求的任务才会去做，严重缺乏自主选择的权利，一切都以管理者的命令为准。这种一方发布命令、另一方完全执行的状态并不是最好的管理状态。任正非想要的是一种相对自由的工作状态，员工不能完全丧失自主性和自觉性，管理者也不应该太过干涉员工的思想。

员工完全服从命令的管理模式会导致管理者和员工之间的冲突越来越多，工作效率降低，员工的想法和建议被忽视，企业的运作流程受到影响，这对于企业的发展没有任何好处，甚至会阻碍发展。

任正非在拜访了很多国外著名企业之后，发现这些企业的内部管理就是一种无为而治的状态，员工不需要管理者时刻在身后指点和命令，就能够自觉地完成工作，甚至能够自由地发挥自己的创造力，阐述想法，为企业创造更多的价值。任正非从这些管理模式中受到了启发，《华为基本法》的制定就是华为实现无为而治的一个重要手段，通过一些具体的、完善的管理制度来提高员工的自觉性和创造力，减少一些不必要的流程，取消管理者对于员工过分的干预和抑制。

为此，任正非采取了六大措施后才逐步走向无为而治。

1）通过依靠团队，解决了"谁来做"的问题。

2）通过分享利益，解决了团队"为什么做"的问题。

3）通过制定规则，解决了团队"怎么做"的问题。

4）通过构建流程，解决了团队"如何做得更快更好"的问题。

5）通过授权放权，解决了"谁负责"的问题。因此，华为的力量来自组织整体，这是华为持续发展的动力所在。

6）通过实行轮值董事长制度，解决了"个人英雄主义问题"，弱化了公司创始人的管理职能和依赖，避免了"一朝天子一朝臣"和优秀干部流失问题，使公司得以均衡成长。

任正非不恋权、不贪财、不求名的秉性，不仅赋予他洞察真谛的一双慧眼，而且赋予他让华为不断变革、不断升华的巨大勇气。

创立华为30多年来，任正非殚精竭虑、筚路蓝缕，追寻并实践着这些措施。

如今，华为的内部机制已经越来越完善，员工有了一个相对自由的工作环境，逐渐摆脱了管理者的管控，企业的管理模式更加流畅，已经达到无为而治的管理境界。

无为而治的管理其实就是把一些工作从"有所为"逐渐地变成"有所不为"的过程。无为而治的管理需要年复一年、日复一日地不断去探索、去完善，最后给员工一个自由、开放和分享的空间，使员工进入自动自发、自我激励、自我管理的一种状态，从而达到企业管理的目标。任正非为中国企业提供了一个"无为而治"的典型范本。

均衡发展

任正非管理思想的核心就是"均衡"，均衡是其最高的经营管理哲学。他在《华为十大管理要点》第一条中明确提出："不管内外部环境发生了如何变化，都要坚持均衡发展。均衡就是生产力的最有效形态，坚持均衡的发展思想，推进各项工作的改革和改良。通过持之以恒的改进，不断地增强组织活力，提高企业的整体核心竞争力，不断地实现管理均衡，不断地提高人均效率。"

企业管理是一门均衡的艺术。"均衡"就是处理好各种错综复杂的关系，促进企业、员工、客户、社会稳健、和谐、持续发展的管理哲学。

均衡的意思是平衡。企业是一个人集合起来的组织，要想让这个组织的力量最大化，就必须取得均衡态势。

这就像一个木桶一样，只有各个木板紧密结合在一起，这个桶才能装满水。如果木板有的过长，有的过短，这个木桶就是不实用的。

当然，"兵无常势，水无常形"，均衡也是动态变化的，我们也不能搞教条主义。

任正非强调，在管理改进中，就要改进企业木板最短的那一块。任正非在《华为的冬天》一文中写道：

我们怎样才能活下来？不能靠没完没了地加班，所以一定要改进我们的管理。在管理改进中，一定要强调改进我们木板最短的那一块。各部门、各科室、各流程主要领导都要抓薄弱环节。

要坚持均衡发展，不断地强化以流程型和时效型为主导的管理体系的建设，在符合公司整体核心竞争力提升的条件下，不断优化员工的工作，提高贡献率。

为什么要解决短木板呢？公司从上到下都重视研发、营销，但不重视理货系统、中央收发系统、出纳系统、订单系统等很多系统，这些不被重视的系统就是短木板，前面干得再好，后面发不出货，还是等于没干，因此要建立一个均衡的考核体系，才能使全公司短木板变成长木板，桶装的水才会更多。我们不重视体系的建设，就会造成资源上的浪费。要减少木桶的短木板，就要建立均衡的价值体系，要强调公司整体核心竞争力的提升。

均衡就是生产力的最有效形态，是企业发展的一种最佳状态。"坚持均衡的发展思想，通过持之以恒的改进，不断增强组织活力，不断提高企业整体竞争力和人均效率"是任正非孜孜以求的管理目标。为了实现均衡的目标，抓住企业管理优化过程中的短板则是重中之重。

华为30多年的成长之路，就是建立在动态地实现功与利、经营与管理的均衡基础之上的，通过持续不断的改进、改良与改善，华为不断强化与提升经营管理能力，进而使企业走上了一条良性发展之路。华为的成功，也再次以中国式的案例说明，均衡的管理是企业真正的核心竞争力。

一个木桶能盛多少水，并不取决于最长的那块木板，而是取决于最短的那块木板。正如短板效应所说的，一个企业只有在原料、员工、生产、销售、物流等环节的配合之下才能形成完美的产业链，发挥出核心竞争力。然而，核心点和优势点也不是完美无缺的，也有不符合标准、不满足市场的薄弱之处，这就需要企业将这些弱点找出来，然后不断完善提高。

事物的发展是不断变化的。企业在某一特定阶段的薄弱之处也会随着企业的不断发展而发生变化，因此就需要管理者找到企业的薄弱环节，及时补齐企业发展中的"短版"，并通过策划、组织、控制、指挥、协调等手段解决这些问题，使企业实现均衡发展。

对企业来说，有短板并非坏事。企业管理者应善于发现这些短板，分析短板并根据市场、技术、资本、人员等因素改进这些短板，以求达到企业的均衡发展，这样才能不断地改进工作，促进企业不断发展。

任正非是一位"均衡管理"的高手，他在华为倡导"均衡管理"。华为最独特、最可怕之处就是保持内部"功"与外部"利"的均衡，实现当前利益与长远发展的平衡。均衡就是任正非管理思想的核心，是支撑华为发展的软实力。

如果说"灰度"是华为管理哲学的理念，那么均衡则是华为运作企业的手段，介于黑白之间，存乎内心之妙，没有非凡的定力和高超的驾驭能力，是掌握不好的。而任正非把这种均衡发挥到了极致，有张有弛，步步为赢，才使得华为这艘航母在国际商业海洋里一路走来，乘风破浪，所向无敌。

毋庸置疑，如今，35岁的华为正处在最壮硕的时期，竞争对手不断地消失，它在不断地壮大。

均衡管理的力量是巨大的，真正能够实现上述动态平衡的企业，必定是商场的赢家。华为的成功再次证明，均衡是支撑企业发展的软实力，这是一种可怕的均衡的力量。从长远来看，一个企业家拥有的辉煌永远是短暂的，只有实现经营与管理动态均衡的企业才能生生不息，基业长青。

最大的自私是无私

任正非是中国最无私的企业家，就凭他将华为99%的股份分给员工足以证明这一点。

任正非常说，"人最大的自私是无私"。这句话言简意赅，对于老板而言，"无私"就是至高无上的心法。要知道，创业带队伍，如果你私心太重，是无法带好队伍的。

无私是相对自私而言的，人性就是自私的。如果你要带队伍，就必须克服自己的私心和贪婪，不然的话，别人凭什么追随你？

任正非在接受媒体采访时说："我的不自私也是从父母身上看到的，华为今天这么成功，与我的不自私有一点关系。"

在创办华为的时候，任正非设计了员工持股制度，通过利益分享，团结起员工。这个关键机制的诞生，一方面是任正非经受挫折带来的感悟，另一方面是源自父亲的支持："创立之初，我与我父亲相商过这种做法，结果得到他的大力支持，他在30年代学过经济学。这种无意中插的花，竟然今天开放到如此鲜艳，成就华为的大事业。"

从某种意义上说，华为的文化基因源于任正非不自私、宽容的性格，而任正非的性格又是父母影响的结果。

任正非于1944年10月25日生于贵州省镇宁县，他的父母在贵州省镇宁县一个偏远贫困山区任教，生活条件异常困苦。

任正非祖籍浙江省金华市浦江县，他的爷爷是一个做火腿的大师傅。

任正非回忆说："爸爸任摩逊，尽职尽责一生，充其量可以说是一个乡村教育家。妈妈程远昭，是一个陪伴父亲在贫困山区与穷孩子厮混了一生的一个普通得不能再普通的园丁。"

当年正处于困难时期，经济条件差，任正非父母的收入很低，要养育七个孩子，全靠父母微薄的工资来维持。处境的艰难可想而知。

任正非在《我的父亲母亲》一文中写道：

我的青少年时期是在极度贫困中度过的。我在19岁之前没穿过一件新衣服，直到高中毕业也没有穿过衬衣。上大学时，母亲给我做了两件衬衣，我当时拿着新衬衣，真想哭。因为我知道我有了衬衣，弟妹们就更难了。因为上学的孩子多，每到新学期母亲就为子女的学费发愁，经常要到处向人借钱。

在那个物质极度缺乏的特殊年代，最让人难忘、难以忍受的就是饥饿了。我从小到大，最深的记忆就是吃不饱，最大的梦想就是能吃一个白面馒头。

虽然为饥饿所折磨，作为长子的我不敢随便动家里的存粮，因为我知道父母也一起挨饿，那些存粮还要留给弟弟妹妹吃。

高三那年，母亲经常早上额外塞给我一个小小的玉米饼，支撑我上学读书。

……

正是因为任正非感受到了父母的苦难和艰辛，才形成了无私、宽容、严以律己、节俭、热爱学习、对磨难的坦然承受等优良品质。这些品质在后来的岁月里成为企业家任正非一笔巨大的精神财富。

任正非刚创建华为的时候,曾将父母接到深圳一起生活。当时他和父母还有侄子一起挤在一间二十多平方米的房子里。任正非早出晚归忙于工作,父母心疼儿子创业辛苦,变着法子节俭度日,在阳台上支灶做饭,母亲每天傍晚时分出门买便宜菜,买死掉的鱼虾煮着吃……

无私就是博大,父母的不自私和乐于付出的精神一直影响着任正非,领导和战友都非常欣赏他。

人生就是一代又一代人的传承,而生活的改善和成功的取得,靠的只能是艰苦奋斗。正是从父母身上,任正非学到了什么是沉于深渊的勇气和坚韧,可以说,任正非的成长离不开父母为他铺就的基础设施建设。

任正非创办华为后懂得设身处地为员工着想,为员工谋福利,实行全员持股制度,通过利益分享,与员工一起共同打天下,共享公司发展成果。他的做法得到了父母的大力支持,而曾经选修过经济学的父亲还帮他做过规划。

经常有人问笔者:"任正非在华为没有控股权,为何能掌控华为呢?"

笔者回答说,因为任总心底无私,舍得放权,舍得分钱,所以华为人愿意追随他。

老子曰:"天长地久,天地所以长且久者,以其不自生,故能长生。"意思是说,天地所以能够长久,是因为它们的一切运作都不为自己,都是在"生"万物,所以能够天长地久。

做企业也一样,老板一旦无私,也就无敌于天下了。无私的人可以做到公平公正，赢得信任和人心。人若无私，就能无所畏惧，心胸开阔。只有这样，才能赢得人心，团结并带好团队。这正是需要我们学习的地方，只要我们克服了私心，也就超越了自我，从而进入更高层次的境界。任正非做到了这一点，所以他成就了强大的华为。

灰度管理

任正非是中国企业家中少有的思想家和哲学家，他在管理上信奉灰度与妥协。他认为，在"白"与"黑"之间有一个妥协，就是灰度，灰度是领导者必备的管理技能。

灰度是任正非的世界观和思维方式，也是他认知与洞察管理世界的坐标。任正非以此形成独特的灰度管理哲学，并以自身的灰度领导力，引导华为的成长与发展。可以说，任正非的高明和思想境界都藏在"灰度"里。

任正非在2009年1月15日发表的《开放、妥协与灰度》一文中这样阐述自己的灰度管理哲学：

一个领导人重要的素质是方向、节奏。他的水平就是合适的灰度。

一个清晰方向，是在混沌中产生的，是从灰色中脱颖而出的，而方向是随时间与空间而变的，它常常又会变得不清晰。并不是非白即黑，非此即彼。合理地掌握合适的灰度，使各种影响发展的要素在一段时间内保持和谐，这种和谐的过程叫妥协，这种和谐的结果叫灰度。

没有妥协就没有灰度。妥协其实是非常务实、通权达变的丛林智慧。

凡是人性丛林里的智者，都懂得在恰当时机接受别人的妥协，或者向别人妥协，毕竟人要生存，靠的是理性，而不是意气。

坚持正确的方向，与妥协并不矛盾；相反，妥协是对坚定不移的正确方向的坚持。

目标方向清楚了，如果此路不通，我们妥协一下，绕个弯，总比在原地踏步要好，干嘛要一头撞到南墙上？

妥协并不意味着放弃原则，一味地让步。明智的妥协是一种适当的交换。为了实现主要目标，可以在次要目标上做出适当的让步。这种妥协并不是完全放弃原则，而是以退为进，通过适当的交换来确保目标的实现。

相反，不明智的妥协就是缺乏适当的权衡，或者因坚持了次要目标而放弃了主要目标，或者因妥协的代价过高而遭受不必要的损失。

明智的妥协是一种让步的艺术。妥协是一种美德，而掌握这种高超的艺术是管理者的必备素质。只有妥协，才能实现"双赢"和"多赢"，否则必然两败俱伤。因为妥协能够消除冲突，所以拒绝妥协必然是对抗的前奏。

如果各级干部真正领悟了妥协的艺术，学会了宽容，保持开放的心态，就能够真正达到灰度的境界，就能够在正确的道路上走得更远，走得更扎实。

灰度是任正非的世界观，是思维方式，也是方法论，概言之，三者构成了任正非的灰度哲学。他以此作为认识世界与改造世界的"思想工具"，并付诸华为的经营管理实践，这就是任正非的灰度管理。

灰度哲学既来自华为的经营管理实践，并在实践中丰富与提升，反过来又指导华为的经营管理实践，并接受华为经营管理实践的验证。

纵观华为30多年的成长与发展历程，观察华为的经营管理实践，不难发现，任正非的灰度理论是贯穿始终的世界观、思维方式与方法论。

何谓灰度管理？

灰度管理就是任何事物都不会以极端的状态呈现，就像黑白间的灰色，要懂得用相对的思维来管理，避免绝对化。

毫无疑问，任何一家企业的成功都是其管理哲学的成功；任何一家企业的兴衰逻辑都与其领导人的思维模式密切相关。华为也毫不例外。灰度哲学是华为管理思想和实践的根本方法，是其哲学层面的管理方法论，是任正非和华为的价值观、经营哲学、管理理念的精神实质。

其实，灰度哲学与中西方哲学家提出的哲学理论，具有异曲同工之妙。如老子的"无为"，强调具体问题具体分析；孔子的"中庸"，提醒我们不要走极端；黑格尔的"矛盾论"，说的是相反的两个事物如何在冲突中共存。

灰度文化不仅体现的是一种中国式的包容智慧，更体现的是用制度来发扬人性之善的一面，规避人性之恶的一面。用灰度思维来扬善去恶的出发点都与企业的目标和战略有深度关系，以此衍生出相应的管理理念和制度模式。

华为的灰度理论也一样，是对华为管理实践的总结，避免干部员工走极端。各种理论模型只是说法不同，总体上意思是差不多的。

由此可见，任正非的世界观与思维模式是灰色的，任正非的经营管理理论是有灰度的，华为的底色也是灰色的。任正非的灰度管理哲学指导着华为的经营管理实践，从优秀到卓越，再到基业长青。

为什么需要灰度管理？

任正非曾经说过："开放、妥协、灰度是华为文化的精髓，也是一个领导者的风范。在变革中，任何黑的、白的观点都是容易鼓动人心的，而我们恰恰不需要黑的或白的，我们需要的是灰色的观点，在黑白之间寻求平衡。"

灰度哲学符合事物普遍联系和永恒发展的客观规律。一方面，从联系的观点看，灰度是事物存在的一种状态，也是事物发展的一种结果。另一方面，从发展和变化的视角看，灰度是事物未来的预期目标和执行过程。

就目标而言，一个清晰的方向是在混沌中产生的，是从灰色中脱颖而出的，方向是随时间与空间而变的，它常常又会变得不清晰。并不是非白即黑，非此即彼。

就过程而言，方向是坚定不移的，但并不是一条直线，也许是不断左右摇摆的曲线，在某些时段中，还会画一个圈，但是我们离得远一些或粗一些看，它的方向仍紧紧地指着前方。

必须指出的是，任正非所倡导的"灰度"不是中庸之道，不是无原则地妥协或折中，不是追求无底线的一团和气；灰度不是虚无，也不是消极的处世待人，相反，灰度是一种积极的人生态度；灰度不是软弱、逃避或退缩，而恰恰是有力量的表现；灰度不是悲观主义，灰度中包括求真务实、理想主义、英雄主义、实用主义、乐观主义和浪漫主义，是一种兼容并蓄的世界观和方法论；灰度不是混乱或混沌的，它是有秩序、有规则的，同时也是可衡量、可信赖、可预测、可管理的。

灰度的"度"是很难把握的，需要管理者具有非凡的智慧与能力。把握灰度是一门领导艺术。

在任正非看来，妥协是管理的一个重要方式。管理是一门高深的艺术，并不是"非错即对、非黑即白的简单逻辑。管理中最重要的是中间的灰度，灰度管理是要在黑与白的管理之间寻求平衡。管理上的灰色是我们的生命之树，灰度管理会让生命之树常青。

正如任正非所说："灰度给了我更大的心胸，我用它来包容整个世界。"

熵减

随着企业的成长和发展，组织将趋于稳态而活力下降，员工将奋斗意志减弱而陷入怠惰。博学而善于思考的任正非，受到自然科学热力学第二定律的启发，总结出了解决员工的怠惰行为、激发组织活力的管理哲学——熵减。

任正非对熵有着深入研究，他是中国最早把熵的概念引入企业管理中并系统阐述的企业家，是对企业运作和管理的一次创新。

自2012年以来，任正非在华为内部讲话中多次提到了熵这个概念。

熵为何物？熵是来源于自然科学热力学第二定律的概念，又称熵增定律，它描述了热量从高温物体流向低温物体的不可逆过程。熵增表现为能量减弱直到逐渐丧失，它是无条件的；而熵减表现为能量增强，它是需要特殊环境、条件和努力的。

管理学大师彼得·德鲁克把熵引入管理学："管理要做的只有一件事情，就是如何对抗熵增。在这个过程中，企业的生命力才会增加，而不是默默走向死亡。"

任正非认为，自然科学与社会科学有着同样的规律。对于企业而言，企业发展的自然法则也符合熵增和熵减规律。企业会逐步出现混乱甚至失去发展动力。因此，任正非在考虑企业管理时，会把熵减作为一个重要视角。

任正非一直在思考：

1）企业要想生存就要逆向做功，把能量从低到高抽上来，增加势能（华为的厚积薄发理念）。

2）人的天性就是要休息、舒服，这样对企业发展是不利的（华为的以奋斗者为本，长期艰苦奋斗理念）。

3）用金钱把人的需求转化为动力，从而驱赶走懒惰的魔鬼（华为的全员持股理念和做法）。

2019年7月，华为大学编辑出版了一本书《熵减：华为的活力之源》，任正非亲自为该书作序。他在序言中生动地阐述了熵减观点：

熵和生命活力，就像两支时间之矢，一头拖拽着我们进入无穷的黑暗，一头拉扯着我们走向永恒的光明。

熵减的过程是痛苦的，但前途是光明的。水从青藏高原流到大海，是能量释放的过程，一路欢歌笑语，水声叮咚，泛起阵阵欢乐的浪花。遇山绕过去，遇洼地填成湖，绝不争斗。若流到大海再不回来，人类社会就死了。

当我们用水泵把水抽到高处的时候，是用外力恢复它的能量，这个熵减过程是多么痛苦呀！水泵叶片飞速地旋转，狠狠击打着水，把水打到高处。你听到过水在管子里的呻吟吗？我听见过："妈妈，我不学钢琴！""我想多睡一会。""妈妈，痛，好痛呀！不要打我呀！我做作业了。"

人的熵减同样，从幼儿园认字、弹琴到小学学数学，从中学到本科、硕士、博士，考试前的不眠之夜……好不容易毕业了，又要接受ABC的考核、末位淘汰等的挤压。熵减的过程十分痛苦，但结果都是光明的。从小就不学习、不努力，熵增的结果是痛苦的，我想重来一次，但没有来生。人和自然界因为都有能量转换，才能增加势能，才能使人类社会这么美好。

我们一定要加强中层、高层干部和专家的实践循环，在循环中扩大视野，增长见识，提高能力。这就是熵减。万物生长是熵减，战略预备队循环流动是熵减，干部增加实践知识是熵减，破格提拔干部也是熵减，在合理的年龄退休也是熵减。

很多人看到任正非讲的"熵减"是一头雾水，那么，熵减什么意思呢？

简单地说，贪婪、懒惰、自我欣赏是人类的本能，而这也是人类进步的动力之源。如何用金钱（量化考核）把人的贪婪转化为动力，从而驱赶懒惰的魔鬼，让近20万华为人在自我欣赏中朝着同一个目标前进？

熵减的核心就是耗散结构。耗散结构是一个远离平衡状态的开放系统，通过不断与外界进行物质和能量的交换，在耗散过程中产生负熵，将原来的无序状态转化为有序状态。这种新的有序结构就是耗散结构。

耗散结构有三个特征：开放性、远离平衡状态、非线性。而避免"熵死"的方法之一就是建立耗散结构。企业要想长时间保持活力，就要建立耗散结构，对内激发活力，对外开放，与外界交换物质和能量，不断提升企业发展势能，不断拓展业务发展的作战空间。

华为"2012实验室"曾基于熵的概念和热力学理论进行研究，总结出了在企业管理中能够有效地减小熵增、激发员工活力的两个途径：远离平衡状态和实施开放合作。

华为的熵减战略实践有两个方面：厚积薄发、开放合作。这是华为打造负熵流的主要方法：通过逆向做功，一方面消耗了多余的物质财富，打破平衡静止，避免物质过多导致的熵增；另一方面建立了新的企业发展势能，为长远发展积聚能量，不断扩大作战空间。

在任正非看来，熵减的过程虽然是痛苦的，但前途是光明的。要保持华为的竞争力，熵减运动必不可少。万事万物从诞生那一刻起都在走向死亡的路上。死亡才是永恒的，我们能做的只是延缓死亡的过程。要延缓死亡，就需要打破系统的平衡和稳定，保持系统的活力。

熵减的目的是，要让每个人在最佳时间以最佳角色做出最佳贡献。华为的熵减包括"炸开人才金字塔""破格提拔人才""激发人的正能量"，用合理的价值分配来撬动价值创造，吐故纳新，淘汰倦怠员工等，激发人的精气神、责任感，去克服人性的另一面。

　　总而言之，任正非把熵的概念引入企业管理，是希望从人力资源管理角度，探索如何激发生命的活力，激发员工的活力，解决人的怠惰和企业自然状态下的熵增问题，从而产生推动华为发展的力量。

　　可以说，熵不仅是华为的管理之道，也是任正非哲学思想的精华。而熵减理论透过物理学、社会学和管理学要义及生命活力，直指人心。

第8章

向死而生：没有退路就是胜利之路

美国要打死华为，我们别无选择，只有义无反顾。求生的欲望使我们振奋起来，全体员工表明：宁可向前一步死，决不后退半步生！

——华为创始人、总裁任正非

华为的至暗时刻

从2018年至2021年，华为受到以美国为首西方部分国家的四轮制裁，遭遇的打击一次比一次沉重。首先禁止华为的产品进入美国市场，其次指使加拿大非法抓捕华为副董事长孟晚舟，接着把华为列入"实体清单"，拉拢其盟友抵制华为5G设备，后来切断华为的芯片供应链，这是华为创立30多年来遭遇的最严峻的一次生存危机。

众所周知，近几年来，华为的消费者业务一直占据华为最大的收入比重。2019年，消费者业务实现销售收入4673亿元，占华为总销售收入的54%。

在美国恣意的围追堵截下，华为手机陷入了无芯片可用的尴尬境地。2020年华为"断臂求生"，出售了荣耀业务。因缺少芯片，从2020年开始，华为手机海外市场份额大幅下滑，到2021年，华为手机出货量从全球第二跌到第六。

不仅如此，华为于2021年发布的P50、P50 Pocket等旗舰新机，由于芯片受到制约，无法搭载5G功能。

不得不承认，因为短期内的不可抗因素，华为的消费者业务举步维艰。

由于受美国等国制裁，华为的营收大幅下滑。2021年，华为全年实现销售收入6340亿元。相比于2020年的8914亿元，下降了2600多亿元。

即便如此，任正非表示，华为不会放弃手机业务，相信消费者业务能活下来。

事实上，华为对消费者业务的坚持不是没有道理的。对华为来说，虽然消费者业务给人一种"困难重重"之感，但从整体来看，消费者业务不仅没有到绝境时刻，而且华为还需要它的继续存在。

困境之下的华为，没有放弃它的消费者业务。相信坚持一定会有奇迹，胜利的日子不会久远！

创立30多年来，华为坚持研发高投入，把每年销售收入的10%以上用于研发，近10年来，就投入研发资金9000多亿元，取得了一项又一项技术创新成果。5G技术专利数量在全球同行业名列第一，成为全球5G技术的领导者。这是近百年来中国人首次在前沿科技领域领先世界，并在西方严密而坚固的技术城墙上，撕开了一个巨大的缺口。

华为的技术创新与突破，象征着中国科技发展的高度。华为今天遭遇美国等国的制裁，折射出国际间科技竞争血淋淋的残酷真相，也折射出中国崛起之路注定荆棘密布。

作为中国的标杆企业，华为的命运承载了太多厚重的意义，已远远超出了华为一家企业的兴衰。因为，华为打破了美国等西方国家长期以来的科技垄断，显示了中国科技的实力。美国等国制裁华为的真正目的是要阻碍甚至扼杀中国科技创新和发展，妄图强化其霸主的地位。

国家之间的竞争，归根结底是科学技术、特别是高新技术的竞争。自19世纪以来，美国在创新和技术方面一直处于世界领先地位。美国的经济、军事霸权都建立在科技领先这个硬核基础之上。

而华为在5G技术上的领先，动摇了美国在通信等领域的科技领先优势和战略利益。用美国前司法部部长威廉·巴尔的话说："这是历史上第一次，美国没有引领下一个科技时代。"

华为5G技术领先意味着什么？5G技术属于未来通信技术和工业智能制造、万物互联的中枢神经系统，它将引领包括智能家居、智能制造、智能交通系统、机器人技术、物联网、自动驾驶、3D打印、纳米技术等一系列新兴技术的革命。

华为5G技术全球领先，打破了美国的科技垄断，这是美国无法接受的。更要命的是，如果在世界范围内华为的5G通信设备大量普及，美国将无法像过去一样随意窃取或把控各国的各种信息和通信数据。所以，美国不惜一切代价，动用整个国家的力量并组织和强迫一些西方国家来封杀华为。

在美国独占的高端芯片研发领域，华为经过20年的厚积薄发，在手机芯片设计上突破了一系列技术难题，研发了先进的麒麟系列芯片，在技术和性能上已经能够与美国芯片巨头媲美，某些性能还超越了美国的竞争对手。2019年华为海思跻身全球芯片设计企业前三强，增速居在同行业第一。在手机CPU芯片这个美国占据绝对优势的市场，华为成功夺走了较大的份额。中美两国间展开的不见硝烟的一场科技竞争之战，率先在华为打响。华为依靠自己的努力，加之中国政府和人民以及许多中国企业的支持，顽强地抵抗着来自美国的全面制裁，进入白热化时刻。华为能否挺住，对于中国科技发展，对中美大国竞争均有重要影响。

任正非在接受采访时，将处于极度困难时的华为比作第二次世界大战期间的作战中的伊尔-2战斗机，即使被炮弹打得像筛子一样，却依然坚持飞行，安全返回。破烂不堪的飞机，它代表了华为不屈的精神、永不低头的决心。

绝地求生

美国政府的疯狂制裁，破坏了华为的发展节奏。摆在任正非面前的是如何在美国发起的针对华为的这场制裁中，如何保证公司稳定，如何保持华为的前进脚步，一是华为要自救，二是要正确地自救，三是高质量生存发展下去。

2019年，美国将华为列入"实体清单"后，任正非随即宣布华为进入"战时状态"，并率领近20万名华为铁军，提枪跨马上战场，打响了历时持久的没有硝烟的反击战，并制定了切实可行的行动计划，应对危机。

2019年2月24日，任正非在华为武汉研究所讲话时说："公司已进入'战时状态'，战略方针与组织结构都做了调整，所有技术口的员工都应阅读与PK我在上研所无线大会上讲话的第一点，看看技术与产品的方针是否正确，允许批评。所有管理干部都要学第二点，组织建设要对准目标，而不是对准功能，齐全的功能会形成封建的'土围子'，我们的目标是'上甘岭'，要建设精干的作战队伍。过去对准部门功能的建设思想要调整。各个部门要面向目标主战，去除多余的非主战的结构与程序，去除平庸，将一部分必需的非主战功能移至平台或与其他共享。"简单地说，就是精兵简政，激活组织。

华为如何打赢这一仗？

任正非的思路是：增加研发投入，加强预算集中度，做优做强产品线，发挥华为的优势，形成一把"尖刀"。要聚焦成功的一点，不要把面铺得太开，铺开了就分散了力量，就炸不开"城墙口"，形不成战斗力，华为要和时间赛跑，力量太分散了跑不赢。同时启动"作战模式"和"备胎计划"以应对这场危机。

任正非指出："现在我们和美国赛跑，到了提枪跨马上战场的时候了，一定要把英雄选出来，没有英雄就没有未来，英雄犯错了就下去，改了再上来。我们一定要改变用人的格局和机制。我们要敢于团结一切可以团结的人，我们的唯一武器是团结，唯一战术是开放。只有敢于敞开心胸，容纳人才，我们才有未来！"

按照任正非的战略布局，在之后的3～5年内，华为将强化自己在通信、终端和云三方面的积淀，加大战略投入，自立自强，在5G时代和AI时代继续领导世界。

任正非说："美国这次制裁华为比我预想的节点要早了两年。如果两年之后再发生，我不会有这么大的压力。"他表示，我们改变不了外部环境，只能先把内部改好来迎接外部环境的变化。

2020年6月19日，任正非在内部以电子邮件的形式写了一篇《星光不问赶路人》。他在文中写道："我们不要因美国一时打压我们而沮丧，放弃全球化的战略，我不赞成片面地提自主创新。我们的研发力量要聚焦，在科学上要敢于大胆突破，敢于将鸿蒙推入竞争，鲲鹏和昇腾的生态发展与软件的开发绝不停步。研发不能停步，对未来科学的探索不能停步，继续勇往直前。"

任正非特别强调："我们并不以此灰心，我们也不会怨恨，美国仍然是世界的科技灯塔，我们仍然要一切向先进的人学习。"

在战略上，华为聚焦核心，放开周边，持续战略投入，构建未来能力；加大鸿蒙和欧拉投入，打造数字世界基础软件的根，为世界提供第二种选择；加大数字能源根技术投入，发展清洁能源与推动传统能源数字化双轮驱动……仅靠节衣缩食是实现不了高质量生存的，坚持战略投入，强

大自身才有未来。

在华为盛世安稳时，任正非最有危机感总喊"狼来了"，但在美国极限打压华为时，他从容淡定，十分乐观地说："华为将用3～5年的时间，一定会换一次血，当我们度过最危急的历史阶段时，公司就会产生一支生力军，将称霸世界。"

奋起突围

美国对华为使出的恶毒的手段之一，便是对华为的芯片实施"断供"，不许中国台湾的台积电给华为代工芯片，这一招可谓"釜底抽薪"，把华为手机逼至绝境。华为面临的困境，折射出我国半导体产业生态的技术瓶颈。

众所周知，由华为海思研发的麒麟9000芯片基于5nm工艺制程的手机SOC，集成多达153亿个晶体管，比苹果A14的118亿个多了30%。麒麟9000芯片是行业内有史以来技术挑战最大、工程最复杂的一款高端芯片，由台积电代工。不管是从哪个角度来看，麒麟9000芯片都是华为历经10多年最完美的杰作，并搭载在华为Mate 40系列旗舰型手机之中。

自2020年9月15日起，美国政府不许台积电再为华为代工芯片，这对华为来说确实是一场灾难。

如何追赶上国际前沿技术，打造自己的芯片产品、芯片产业？任正非在中央广播电视总台节目《面对面》中也谈到这个问题。

在谈到芯片话题时，任正非表现得非常冷静，不仅指出现阶段中国要研发芯片并不容易，还很不客气地指出，当前有些公司的所谓的"芯片研发"投入是夸大、是炒作，是为了在股市圈钱。

任正非指出："芯片制造太难，工程太系统，设备太复杂，所需时间太长，非短时间能突破。华为虽有筹谋，但还不能马上补齐短板。在这些问题上，我们要有更高眼光的战略计划。芯片砸钱不行的，得砸数学家、物理学家、化学家，因为我们的基础教育和理论研究较为薄弱。高科技不是基础建设，砸钱就能成功，要从基础教育抓起，需要漫长的时间，华为急不得。一个基础理论的形成需要几十年的时间，如果大家都不认真去研究理论，都去喊口号，几十年以后我们也不会强大。所以，还是需要人去踏踏实实做学问。"从任正非回答主持人的采访来看，中国在芯片制造上面临的困难并不小。

中国的芯片产业发展难就难在起步较晚，投入不足，欧美在芯片制造方面与我国存在着较大的距离。虽然华为能设计出性能领先世界的芯片，但国内的芯片加工、封装和测试还不能满足全部所需。

从2019年4月之后，华为通过旗下的哈勃科技和哈勃投资，先后投资了20多家半导体产业链相关的企业，涵盖芯片设计、EDA、测试、封装、材料和设备各环节，并在晶圆、EUV光源、人工智能等高科技设备和材料领域悄然发力，取得了很多实质性进展。华为想打造一条半导体全产业链的雄心已经清晰可见，华为芯片难题有望在2022年得到一定程度上的解决。

除了布局半导体产业链，华为正在凭借5G、人工智能等方面的领先优势，开辟新赛道，打造鸿蒙全场景智慧生态。依托中国庞大的市场和用户基础，华为把自主的鸿蒙、欧拉操作系统、软件、设备、装备、生态服务等有机连接起来，构筑了风格统一、智慧、便捷的万物互联的应用生态系统。

任正非明确表示："华为要向上捅破天，向下扎到根，将加大投入，不论是5G还是芯片，华为都不会放弃。" 2022 年1月14 日，全球专利排行榜出炉，作为之前国内专利的冠军，华为在2021年以48307件专利排名总榜单第四。同时，华为在2021年还获得了2770项美国专利申请，排名第五，超越了英特尔、苹果和微软等美国公司。

虽然华为的网络设备被美国市场拒之门外，获取手机零部件的一部分渠道也被美国政府切断，但是华为在获得美国专利申请方面取得了成功。

华为2021年的专利榜排名之所以从2020年的第九升至第五，很大程度上源于华为在研发上的持续投入。

由此可见，即便面对美国为首的少数西方国家的围追堵截，华为依旧申请了大量的专利技术。因为任正非明白，只有掌握大量的专利技术，才不怕外企的打压，才能在全球科技领域拥有话语权。

在笔者看来，专利技术持有量及其技术领先程度代表着一家企业的科技实力以及研发水平，而华为的专利技术持有量跻身全球第四，全面提升了华为在全球科技领域的核心竞争力和国际地位。在未来发展的过程中，任何国家或企业想要打压华为，必须要掂量掂量自身的实力。

尤其在当下全球科技环境多变的情况下，华为掌握大量的专利技术，相当于给自己套了一身"专利技术"的铠甲，建立属于自己的护城河。

燧石受到的敲打越尖利，发出的光就越璀璨。任正非表示："我们不会因为外部环境的变化，改变自己的理想与追求。"在美国等国的恶意打压之下，华为不仅没有倒下，反而越挫越勇，迸发出更强大的生命力。期待未来，中国科技领域能诞生出更多如华为这样的科技企业。

信念不灭，晚舟归来

2021年9月24日，对于华为人乃至整个中国人来说，是一个值得庆贺的日子。经多方不懈努力，被加拿大拘押长达1028天的华为副董事长孟晚舟在这一天获释，从加拿大返回祖国与家人团聚。

25日，新华社、中央广播电视总台、深圳电视台和众多网络媒体等多家国内媒体在孟晚舟24日登机启程直达目的地深圳宝安机场的整个过程中进行了一场实时直播报道，包括实时航线动态以及实景显示。深圳平安金融中心打出灯光字幕：欢迎孟晚舟回家！

当天晚上，笔者在手机上全程看完了央视新闻的直播，心情非常激动。这一天，无论对孟晚舟个人，还是对期待、呼吁并关注了三年时光的很多中国人而言，可谓感慨万千。

孟晚舟乘坐中国政府的包机抵达深圳宝安国际机场，舱门打开，她走出机舱，向在场人群挥手致意。孟晚舟一身红色衣服，和机身上的五星红旗一样绚丽夺目。

孟晚舟在机场发表简短讲话，其中一段让人印象深刻："有五星红旗的地方，就有信念的灯塔。如果信念有颜色，那一定是中国红！"随后，现场的欢迎人群唱起《歌唱祖国》。

渔舟唱晚，离雁归来，整个中国为之沸腾。

其实，孟晚舟和任正非不仅是父女的关系，孟晚舟还是任正非亲自调教出来的能扛事的一员猛将。

孟晚舟经历了很多苦难，她不是坐享其成的富二代，而是陪着父亲一起拼搏的创一代。

孟晚舟在华为工作已近30年，从公司前台接线员到华为CFO再到如今的副董事长，她主导了华为庞大的财务体系变革，对于华为如何实现持续高效的增长有着深刻的认识，也见证了华为从无人知晓的创业公司，到如今的民族企业标杆，生动展现了其人生价值。

很多人只看到了她"任正非之女"的身份，却未必了解她背后的勤奋与努力。

孟晚舟出生于1972年，毕业于华中理工大学（现在的华中科技大学），财会专业硕士。1993年，她加入华为时，就享受到了父亲任正非的"特别"关照，成为一名普通的员工，干的是前台接待、总机转接、安排展览会务等琐碎且辛苦的工作。

任正非说过，"一个人要出社会，必得先学会怎么谋生，而打杂最容易积累阅历"。所以，他把女儿放在公司底层，让她去好好体验、认识人生。

孟晚舟在华为默默无闻、埋头苦干了十几年，华为内部员工都不知道她是任正非的女儿。

就这样，经过长期的摸爬滚打，孟晚舟从基层一步一步走上了领导岗位，曾历任公司销售融资与资金管理部总裁、账务管理部总裁、华为香港公司首席财务官以及国际会计部总监，现任公司CFO、副董事长。

孟晚舟曾在题为《海纳百川，有容乃大》的内部讲话中回忆，1993年，刚刚进入华为工作的那几年，她承担了总机转接和文件打印等工作，琐碎且辛苦。"我是华为早年仅有的三个秘书之一。"

孟晚舟曾在演讲中说："1993年大学毕业后，我加入了华为，那个时候的华为只有两三百人，如果我没有记错，销售收入刚刚过亿。30年前，华为只是无人知晓的创业公司。20年前，知道的人也没几个。1996年，我去北京参加通信展，手里提着几大袋资料，袋子上有华为的Logo。出租车司机很热情，说，'哦，华为，我知道……就是做纸袋子的嘛'。"

任正非曾对孟晚舟说："社会阅历的第一条是对人要有认识，打杂的经历有助于积累这些经验。"

孟晚舟回忆道："在这段繁忙、青涩的时光里，大家给了我点点滴滴的温暖与包容，如丝丝涓流融入心底，至今记忆犹新。华为包容了我的懵懂、稚嫩、固执甚至失误。在无数将士沙场鏖战毫不退缩的背后，包容始终是抹不掉的底色。"

2003年，孟晚舟负责建立了全球统一的华为财务组织，并进行了组织架构、财务流程、财务制度、IT平台等的标准化和统一化建设。

2005年起，在孟晚舟的主导下，华为在全球建立了五个共享中心，并推动华为全球集中支付中心在深圳落成，提升了账务的运作效率与监控质量，保障海外业务在迅速扩张中获得核算支撑。

2007年起，她负责实施了与IBM合作的长达八年的华为IFS（集成财经服务）变革。IFS变革构建了数据系统，并在资源配置、运营效率、流程优化和内控建设等方面建立规则，推动了华为精细化管理之路，这也成为华为持续成长的基因之一。

近几年来，为匹配公司的长期发展规划，孟晚舟致力于华为财经管理的精细化和综合化，持续建设资金风险管理体系、税务遵从管理体系，并积极推动财经作业高效、敏捷、智能地开展。

2011 年，孟晚舟正式出任公司董事、CFO。2018年3月，华为公司董事会换届选举，孟晚舟当选为常务董事、副董事长。

她在北京大学演讲时说道："华为不讲学历，讲能力，不拼爹，不拼妈，一切看贡献和能力，年轻也能当'将军'。华为的干部选拔没有年龄、资历标准，只以责任、结果、贡献为考核标准。

孟晚舟付出的努力有目共睹，她虽贵为任正非的长公主，却全然没有富二代的奢靡作风，反而如同涅槃凤凰一般，历经苦难，成长为可替父出征的花木兰。

2018年12月1日，孟晚舟在加拿大温哥华转机时被加拿大非法拘捕，随后美国向加拿大提出了引渡请求。

我们先来看看任正非对孟晚舟事件的看法和态度。

自2018年12月1日以来，每次记者问起"孟晚舟事件"的近况和应对措施，任正非的回答几乎都是"我们相信法律"。

　　例如，2019年11月26日，任正非接受CNN的采访。任正非谈起孟晚舟事件称，"孟晚舟没有犯过罪，美国的指控不是真实的，法律迟早会有公正的结论"。另外，任正非坚持不做国家和人民的"罪人"。

　　2019年12月2日，任正非在接受国内媒体采访谈到女儿时说："孟晚舟这一年的苦难经历，使她变得更强大。她在受苦，但她也因此变得更强大。她应该为自己经历这样的苦难而感到自豪。苦难的经历对她的成长是有好处的。"

　　面对女儿归国的日子遥遥无期，曾有人建议任正非，让华为做出一些让步，作为一个父亲，想尽办法换回女儿都是人之常情的。但是任正非没有这样做，他只留下这样两句话："我已经做好永远见不到女儿的准备，我绝对不会牺牲大家的利益去换取孟晚舟的自由。华为离开谁都可以继续向前走，包括我自己。"

　　很难想象任正非说出这样的话，需要多大的勇气，作为一名中国具有影响力的企业家，需要何等的责任和担当才能说出这样的话！很多网友评论道：任正非不愧是中国有责任心的企业家，他的这种舍小家为大家的精神让人发自内心的敬佩！

　　说实话，当笔者看到任正非说的这句话时，真的鼻子一酸，泪水难抑。

　　那时，网上有许多张孟晚舟的照片，虽然她带着电子脚镣，时时被人严密监视，但是从她的脸上没有看出丝毫惧怕的表情，相反，她是如此阳光和自信，这反映出的不正是中国人骨子里的坚强与自信吗？身正不怕影子歪，那些制造此事端的人想用软禁孟晚舟的方式来迫使任正非妥协，但是恐怕他们打错了算盘。虽然现在能控制孟晚舟的人身自由，但是无法阻止华为的发展！

后来，任正非在接受外国媒体采访时曾说："至于晚舟经历的这个风雨，我们不希望把这件事情与国家牵连，也不希望国家做出牺牲和让步来救我们，我们还是自己用法律手段来解决这个问题。"任正非的格局、胸怀和舍小家顾大家的精神，令人敬佩！

2021年9月24日，孟晚舟律师发表声明称："我很高兴告诉大家，孟晚舟女士与美国司法部达成了暂缓起诉协议，且该协议已获得纽约东区法院法官的批准。根据协议条款，她不会被美国进一步起诉，加拿大的引渡程序将会终止。孟女士没有认罪，我们十分期待14个月后对她的指控被完全撤销。现在，她即将重获自由，回家与家人团聚。"

面对威胁和诱供，孟晚舟始终没有低头认罪。"没有认罪"，这简简单单的四个字的背后需要多么坚强的信念啊！

正如孟晚舟获释后在法庭外发表讲话时谈道："过去的三年里，作为母亲、妻子和公司高管，我的生活发生了翻天覆地的变化。但我相信风雨之后必见彩虹，这确实是我生命中一次宝贵的经历。"

而作为任正非的大女儿，孟晚舟继承了父亲的坚强意志和革命斗争精神。

没有任正非不怕困难、一往无前的革命精神，没有不屈不挠、不畏艰辛的斗争精神，就没有今天的华为。

在孟晚舟小时候，任正非给她讲的不是"白雪公主"或者"海的女儿"这样的童话故事，而是董存瑞舍身炸碉堡、杨靖宇将军抗日救国、刘胡兰面对敌人的刺刀视死如归的革命故事。

从小的熏陶，加上孟晚舟从基层做起的锻炼经历，更使她身上少了些女儿娇柔之气，多了些英雄气概。

面对14次的开庭和听证，孟晚舟一直都是优雅从容、坚强面对、勇敢斗争。

美国曾许诺，只要孟晚舟部分认罪，就允许她回国，但被孟晚舟义正词严地拒绝了。她说："我不认罪，因为我没有做错任何事。事关尊严，我不会让华为和中国蒙羞。"这就向他们亮明了态度，决不向他们低头，只会继续斗争到底。事实证明，只有坚决斗争，才能换来真正的自由。

所以，革命斗争精神永不过时，只是时代会赋予革命斗争精神新的内涵。

顺境看情怀，逆境看信念。在时隔1028个日夜后，孟晚舟终于与自己的家人团聚。孟晚舟事件彰显了信念的力量和国家的力量。如同她在回到祖国后感慨地说："没有强大的祖国，就没有我今天的自由。"

2021年10月25日，孟晚舟经过了21天隔离，重返华为上班。这一天刚好是任正非77岁生日，应该说，这是她献给父亲最好的生日礼物！

孟晚舟面带笑容，身穿黑色西装，走进阔别三年的华为总部办公楼，她向同事们挥手致意，在场的华为员工不断欢呼，现场沸腾了！

孟晚舟在公司发表简短感言：

回到公司，来到你们身边，看到你们的笑脸，听着你们的笑声，那么熟悉，那么亲切，又是那么自然。

过去三年，虽然相隔万里，但我们同舟共济，真心从未走远。

过去三年，虽然昼夜颠倒，但我们戮力同心，情谊更加深厚。

过去三年，虽然举步维艰，但我们披荆斩棘，团队越战越勇。

没有一座高山不可逾越，没有一片汪洋不可飞渡，这就是我们不变的信念，谢谢大家的守候，也谢谢公司！

想必，77岁的任正非看到这一幕，一定会无比欣慰开怀！

孟晚舟经历了三年炼狱生活的磨砺，回到华为上班，不仅对于华为有着重要的意义，对于国家的科技创新崛起也有着重要的意义。不夸张地说，这是载入史册的一个里程碑的标志。

而在这之前，特朗普政府已经对中国发动了"贸易战"，在孟晚舟被加拿大警方逮捕之后，美国对华为芯片断供，"科技战"随之而来。华为是中国崛起的缩影，"孟晚舟事件"的本质是大国博弈下的政治事件。

当一家全球化企业无辜地被美国为首的西方国家恶意打压时，只有强大的中国政府，才是你有力的支撑，才能维护你的利益。孟晚舟已经用自己的亲身经历，证明了这一点。

就在孟晚舟回国的当天，全国工商联发布了《2021年中国民营企业500强报告》，华为连续六年蝉联第一。

从美国恶意打压华为以来，华为非但没有倒下，反而在国际上的影响力越来越大，大家也都见识到了华为在专业领域内的科技实力。

2021年9月25日，华为在"华为全联接大会"上发布全新操作系统——欧拉。10月29日，华为组建了煤矿军团、智慧公路军团、海关和港口军团、智能光伏军团和数据中心能源军团，任正非亲自为五大军团授旗，为来自这五个军团的300余名将士壮行。

11月17日，华为召开了全场景智慧生活发布会，华为Mate X2典藏版折叠屏手机、智能手表GT3以及二合一笔记本电脑MateBook E亮相。据悉，华为商务旗舰Mate 50系列、折叠屏新机Mate V即将登场。这无疑是对仍在打压华为的美国一个很好的回击，也让孟晚舟这三年来所受的煎熬与痛楚没有白付。事实说明，华为是打不倒的，这自然也离不开一个强大祖国的鼎力支持。

任正非说"英雄自古多磨难""烧不死的鸟是凤凰"。经此一役，孟晚舟无疑会变得更坚毅和强大，也极大地鼓舞了近20万华为人的斗志。华为绝地求生后，也会变得更强大。正如孟晚舟所说的那句感言："勇敢不是不害怕，而是心中有信念。"

鸿蒙顺势而生

在美国等国的制裁之下，华为推进了"去美化"的进程，自主研发的鸿蒙操作系统顺势而生。

鸿蒙一词来自于道教的一个神话传说。在远古时代，传说盘古在昆仑山开天辟地之前，世界是一团混沌的元气，这种自然的元气叫作鸿蒙，因此把那个时代称作鸿蒙时代，后来此一词也常被用来泛指远古时代。四大名著《西游记》第一回中，也有"自从盘古破鸿蒙，开辟从兹清浊辨"的描述。作为中国第一个操作系统，华为"鸿蒙"以之命名。

2021年6月2日，这一天是中国ICT产业载入史册的日子，国产首个操作系统鸿蒙2.0（HarmonyOs 2.0）正式登场。面对万物互联的物联网时代，应时而生的鸿蒙顶着世界第三大操作系统的光环而来。

当天晚上，华为召开鸿蒙操作系统及华为全场景新品发布会，正式公布可以覆盖手机等移动终端的鸿蒙操作系统，同时发布了多款搭载鸿蒙2.0的新品，并推出百款手机升级计划，将陆续向华为手机、平板、智慧屏等智能终端设备推送升级鸿蒙2.0，计划到2022年年底实现上百款设备升级到鸿蒙2.0。

华为消费者业务CEO余承东介绍，鸿蒙2.0可以支持多设备、多硬件，解决PC、手机、平板、手表等系统之间的"体验割裂"问题，同时将支持大量的物联网设备。同时，鸿蒙2.0可以一站式解决智能家居、智慧办公、智慧出行、运动健康、影音娱乐五大生活场景。

从四五年前还活在PPT里的系统，到经历争议，再到发布最新版本，华为鸿蒙操作系统在商业应用上逐渐迈开步伐，生态系统建设将成为鸿蒙接下来的关键。

任正非曾表示，"华为在与谷歌、苹果竞争时，最大的失误在于没有及时建立良好的应用程序生态系统"。当前，华为虽然在努力追赶对手，但由于进场时间较晚，人才资源、市场优势都被对手占据，想要后发制人，难度非常大。

但即便如此，华为也没有放弃鸿蒙生态的创建。事实上，自从鸿蒙项目公布开始，华为就一直在为创建应用生态而做准备。2019年10月，华为宣布拿出10亿美元奖励开发者为鸿蒙生态增砖添瓦。

鸿蒙在2016年正式立项，到2019年正式面世，到此次发布2.0版本，华为对鸿蒙越来越重视。伴随着接踵而至的"黑天鹅"，正如华为海思一样，鸿蒙也加速迎来"备胎转正"，鸿蒙无疑背负了"自救"的色彩。

华为消费者BG软件部总裁王成录在接受笔者采访时说："鸿蒙是面向万物互联时代的操作系统。用一套操作系统，把包括手机在内的大大小小的硬件，从底层连接起来，仿佛融合成一台设备。从手机、手表到家电、汽车，从智慧办公、智慧出行到智能家居、智能工厂，设备'孤岛'之间将无障碍联通，人们可以更'傻瓜'地去操控。"

毫无疑问，手机依然是万物互联中一块重要的拼图，而在基于鸿蒙操作系统的多设备交互过程中，手机同样发挥了重要角色。

华为鸿蒙操作系统正式发布后，在国内引起了一阵又一阵的热议，无数花粉都想成为真正的鸿蒙用户。

12月23日，华为消费者业务CEO 余承东在华为2021 年冬季旗舰新品发布会上宣布，鸿蒙操作系统的用户已经达到2.2亿个，2021年华为生态设备发货量达到了1亿多台，再加上生态合作伙伴发货的1亿台设备，华为鸿蒙用户已经达到了3.2亿个。鸿蒙成功了，成为史上发展最快的终端操作系统。

对于一款全新的手机操作系统来讲，这样的增速确实出乎意料，但华为做到了，而且很多用户体验之后都肯定了鸿蒙操作系统的流畅性。大家可能有所不知，安卓在发布之初的使用数量都逊色于鸿蒙操作系统。更何况，这还只是华为和荣耀的手机，如果其他厂商开始适配，那么鸿蒙操作系统拥有的用户将更多，甚至有可能从安卓手中抢走部分市场份额。

鸿蒙操作系统采用的是智能文件系统，文件读写可以长时间保持高性能状态，这样也可以防止系统老化，使用寿命也会更长。所以，鸿蒙操作系统虽然是"新人"，但是实力表现不俗，具有巨大的潜力去冲击安卓和iOS系统的市场地位。

在鸿蒙2.0登场之后，为了打消其他厂商的顾虑，华为还将鸿蒙操作系统的核心源代码无偿捐赠给开放原子开源基金会，等于交出了鸿蒙的掌控权。这样一来，其他手机厂商就不用担心受制于华为了，它们完全可以放心使用鸿蒙操作系统。

华为鸿蒙3.0版将于2022年春季发布，到时候广大的使用者将可以进行升级使用。鸿蒙3.0相较于鸿蒙2.0在功能上也将有很大的升级，其功能包括弹性部署、超级终端、一次开发多端部署。

据了解，鸿蒙3.0有一个强大的新功能，可以实现让手机借用电脑的显卡，实现对手机算力的加强，在用户玩游戏时可以将帧率和分辨率进行提升，同时延长手机的使用时间。

从华为鸿蒙3.0带来的强大功能可以看出，鸿蒙的万物互联的强大特性正在不断显现出来。伴随着这些的展现，鸿蒙的影响力也开始扩展开来，届时一些手机厂家和众多家电产品将开始接入鸿蒙系统。

任正非坚定地看好万物互联市场巨大的趋势和机会，希望以鸿蒙操作系统为技术核心载体，携手应用伙伴及硬件生态伙伴一起，为消费者提供全新的移动互联体验。

近三年来，华为在生态上持续投入，在鸿蒙、HMS等生态系统上的投入已经超过500亿元。华为还把鸿蒙的基础能力全部捐献给开放原子开源基金会，形成"鸿蒙开源"项目，让千行百业拥有开放的"数字底座"。

2021年12月30日，华为常务董事、消费者业务CEO余承东在接受笔者专访时表示："万物互联时代，没有人会是一座孤岛。无论经历多大困难，华为将为全球消费者提供更好的用户体验、更好的产品的决心不会改变。希望与更多合作伙伴、开发者共同繁荣鸿蒙生态，为全球消费者提供更好的体验、更好的产品、更好的服务。"

欧拉如约而至

鸿蒙系统面世后，任正非又亮出了一张重要底牌。在2021年9月25日举行的"华为全联接大会"上，华为正式发布了欧拉（EulerOS）开源操作系统首个全场景版本。

欧拉同样是一个操作系统，不过这一系统并不是用于手机以及其他智能设备，而是用于服务器。千万别小看这一系统，在某些方面它甚至比鸿蒙操作系统做得更出色，在服务器系统领域算是目前安全程度最高的一个系统，能够有效地防止入侵。

这一系统有两个好的方面，一方面是可能将作用于华为的云服务，进一步提升华为云服务的体验，另一方面是华为可能将这一系统开放给其他企业使用。华为开放这一系统之后不仅将大大提升华为系统的影响力，也将提高与华为合作企业的服务器的安全性，最终获益的仍然是"花粉"（华为用户），所以欧拉系统的发布对于花粉而言也是好消息。

中国的ICT产业一直"缺芯少魂"，于是，任正非在2016年启动了一个"铸魂工程"，就是希望通过鸿蒙和欧拉，打造覆盖所有场景的操作系统，而且全部开源，让产业界参与进来，适配更多产品和场景，大家共同努力，把缺芯少魂的"少"字去掉。

2021年9月14日，华为向媒体公开了创始人兼总裁任正非在华为中央研究院创新先锋座谈会上与部分科学家、专家、实习生的讲话，任正非提到了华为"欧拉会战"，这让外界首次了解到华为又一庞大的技术体系——欧拉。

任正非介绍，华为未来会打造两个操作系统，一个是鸿蒙，另一个是欧拉，两者都将开源。鸿蒙操作系统的应用场景是智能终端、物联网终端和工业终端；欧拉操作系统则面向服务器、边缘计算、云和嵌入式设备。欧拉正在大踏步地前进，欧拉的定位是，瞄准国家数字基础设施的操作系统和生态底座，承担着支撑构建领先、可靠、安全的数字基础的历史使命，既要面向服务器，又要面向通信和实时操作系统，这是一个很难的课题。

任正非表示，未来信息社会的数字化基础架构核心是软件。数字社会首先要终端数字化，更难的是，行业终端数字化。只有行业终端数字化了，才可能建立智能化和软件服务的基础。鸿蒙、欧拉任重道远，你们还需更加努力。

华为"铸魂计划"和"欧拉会战"两大战略举措曝光后，欧拉操作系统走到台前。与鸿蒙一样，被推到台前的欧拉操作系统，引发了外界的巨大关注。虽然"缺芯"使得华为面临着前所未有的艰难，但"铸魂"给华为未来带来无限可能。

笔者了解，2020年，华为已经针对鸿蒙启动了"松湖会战"，2021年，又围绕着欧拉启动了"欧拉会战"。未来，鸿蒙和欧拉会实现底层技术共享，而且这两个操作系统是互补的，加在一起可以覆盖数字全场景。

于是，华为开启两场"会战"，欧拉操作系统将与鸿蒙打通。

鸿蒙是面向万物互联的操作系统，和安卓相比，它的优势在于，所有基于鸿蒙的终端都能够互相连起来，形成一个超级终端。在面向智能终端的时候，鸿蒙的本质就是取代安卓操作系统。

任正非说："从国家层面看，包括算法在内的根技术，对国家安全和国家进步都是必需的，若不掌握在自己手里，是无法保证国家信息产业安全的。"

欧拉操作系统是基于Linux 稳定系统内核的、面向企业级的通用服务器架构平台。2019年年底，华为已经将欧拉正式开源，并命名为OpenEuler。但徐直军表示，"华为已经对现在的欧拉进行了重新定位和全面升级。原来的欧拉更多是支持和服务鲲鹏和鲲鹏生态的。但现在我们把欧拉定位为未来数字基础设施的操作系统，不仅能服务于华为鲲鹏处理口，也能支持X86架构处理口；同时支持边缘计算，也能支持云基础设施，还准备发展一个分支，未来去支持嵌入式设备"。

站在数字基础设施的角度看，欧拉确实解决了"少魂"的问题，也解决了各行各业需要操作系统支持的问题。

当前人工智能的发展，无论对大学、研究机构还是企业来说，最缺乏的就是算力。人工智能算力网络的建设是一个基础设施。华为的目标是，为中国所有的人工智能研究者、人工智能应用开发者和人工智能创新创业者，提供研究、应用开发和创新创业的人工智能基础设施服务。接下来，华为将与深圳、武汉、西安、成都、北京、上海等全国21个城市联合打造"人工智能算力网络"。

按照任正非与华为的规划，欧拉将和鸿蒙一起组成技术阵列，抢占全球软件系统的高地。

任正非之所以对鸿蒙和欧拉寄予厚望，基于这样一个预判：未来软件将吞噬一切，因此未来信息社会的数字化基础架构核心是软件。

进军智能汽车领域

新能源汽车的浪潮，给了一些互联网及科技制造企业发力的良好时机，苹果、谷歌、百度、小米等企业高调宣布进军新能源车和自动驾驶汽车领域。作为全球ICT行业的领导者，华为在智能汽车赛道早有布局，进行了大胆探索，其搭载华为智能汽车解决方案的汽车已经量产。

当前，汽车产业正加速由内而外的智能化转型，新能源和智能电动汽车成为新一代汽车消费者在购买代步工具时的主流选择。通过加大研发投入、快速跟进用户需求，新能源车企构建起"技术+用户体验"的双驱动引擎，在中国乘用车市场整体下滑的形势下，于2020年实现了销量的逆势增长，当年总销量达到136.7万辆，同比增长10.9%。随着消费者对汽车机械属性的关注转移到智能化和电动化属性，车企造车的逻辑已发生深刻转变。

华为发布的《智能汽车解决方案2030报告》显示，"电动化+智能化"的大潮已经不可阻挡，ICT与汽车产业的融合成为趋势。在2030年，中国自动驾驶新车渗透率将大于20%；电动汽车占新车销量比例将大于50%；车载算力整体将超过5000TOPS（1TOPS=10^{12}次/秒操作）；车载单链路传输能力将超过100G。以上的各种智能化趋势将助力产业实现真正的智能驾驶、智慧空间、智慧服务和智能生产。

汽车产业正在把ICT技术定位为新的主导性汽车技术。任正非由此认为，"随着汽车产业与ICT产业的深度融合，智能网联电动汽车正在成为人类社会新的革命性发展引擎，其影响远远超出两个行业本身"。

面对这一轮历史性产业变革，2019年5月，华为正式成立智能汽车解决方案业务，由华为常务董事、消费者业务CEO余承东兼任华为智能汽车解决方案业务CEO。

任正非明确了华为自身的战略定位和业务边界："华为不造车，聚焦ICT技术，帮助车企造好车，致力于成为面向智能网联汽车的增量部件供应商。"

智能汽车是ICT行业与汽车行业融合的产物，随着汽车"新四化"的加速，基于ICT的硬件和软件将在未来汽车行业中发挥更大价值，这就是华为进入智能汽车领域的根本原因。

2020年10月30日，华为在上海发布智能汽车解决方案品牌HI，包含了一个全新计算与通信架构，以及智能驾驶、智能座舱、智能电动、智能网联、智能车云五大智能系统；还有激光雷达、AR-HUD在内的30多个智能化部件，以及鸿蒙操作系统、智能座舱操作系统和智能车控操作系统三大操作系统，旨在通过华为全栈智能汽车解决方案，以创新的模式与车企深度合作，打造精品智能网联电动汽车，为消费者提供极致、愉悦、可信赖的出行体验。

在芯片领域，华为亦在持续发力。在华为自动驾驶计算平台MDC中，包含了华为研发的人工智能芯片昇腾、CPU鲲鹏、智能座舱5G通信芯片巴龙5000多款芯片。除了电池与制造，华为几乎囊括了智能汽车的所有核心技术。

由此可见，华为不是直接加入造车企业行列，而是通过与车企协同和共同开发的思维方式参与汽车产业中，即通过HI展开联合开发新模式，华为发挥技术优势，车企发挥整车优势，共同设计开发新车型，助力车企腾飞。正如华为智能汽车解决方案业务CEO余承东所说："华为HI技术能够帮助汽车产业实现技术升级，快速开发领先的智能电动汽车。相信新模式一定会开发出好的智能电动汽车，实现品牌向上，促进中国汽车产业由大变强。"

2021年4月17日，首款搭载华为智能汽车解决方案的量产车——极狐阿尔法S华为HI版亮相，成为全球首款实现城市通勤自动驾驶的量产车，也是首款打着华为HI品牌标识的豪华智能轿车。

4月19日，在上海国际车展上，华为宣布与小康股份旗下新能源汽车品牌赛力斯合作推出了首款华为智选生态新品类产品——赛力斯华为智选SF5。

随着搭载华为智能汽车解决方案的极狐阿尔法S华为HI版和赛力斯华为智选SF5面世后，社会上开始流传"华为造车"和"华为入股车企"的新闻，一时间，众多汽车概念股的股价疯狂上涨。

2021年11月25日，任正非再次重申："近两年来，尽管外部环境在不断变化，但我们要清楚，打造ICT基础设施才是华为公司肩负的历史使命，越在艰苦时期，越不能动摇。因此公司再一次重申，华为不造整车，而是聚焦ICT技术，帮助车企造好车，成为智能网联汽车的增量部件提供商。"

任正非强调指出："以后谁再建言造车，干扰公司运营，可调离岗位。"他还明确表示："华为不会投资任何一家车企，哪怕1%也不行。华为将始终坚持'平台+生态'的战略，并进一步加大在生态领域的投入，重点围绕MDC（移动数据中心）、鸿蒙操作系统座舱和数字平台构建合作生态圈。"

紧接着，华为于2021年12月23日正式发布了与赛力斯联手打造的AITO问界M5，这是首款搭载全新鸿蒙操作系统智能座舱的汽车。

余承东在发布会上强调："这款车的外观、内饰、性能，是按照百万豪车的要求打造的。AITO 问界M5后驱标准版预售价25万元，四驱性能版预售价28万元，四驱旗舰版预售价32万元。"

余承东认为，随着产业智能化的发展，汽车已经从单纯的代步工具发展为集出行、娱乐、休闲等于一体的第三空间。我们把华为30多年来在ICT领域积累的技术，赋能汽车产业，帮助AITO打造一款智能豪华SUV。

笔者了解到，AITO 问界M5除了搭载华为全新的鸿蒙操作系统智能座舱，还搭载了华为Drive ONE 纯电驱增程平台，在满油满电情况下可实现CLTC（中国轻型汽车行驶）工况续航1242千米，同时支持L2+自动辅助驾驶、V2L反向充电等配置，让车辆能够与人、手机、智能家居、智能手表等进行无缝流转，支持语音交互、智能的小艺建议、车载地图Petal Maps、全能数字车钥匙等智能技术，为用户创造了一个可移动的智慧生活空间，带来更舒适、流畅和智慧的全新智慧出行感受。

聚焦ICT技术，华为选择直取产业链中最有价值、最有利可图的那一部分，华为的野心不仅是想成为智能电动时代的博世公司，更是谋求汽车行业更大的主导权。

从华为的汽车生态布局和汽车战略方向来看，华为在智能汽车的布局基于它强大的技术实力。汽车行业旧体系在逐渐被打破，智能化因素越来越成为汽车的主导变量，而对于华为来说，进军汽车行业并不是考虑短期盈利的问题，而是为了更长远的战略布局。

开启"军团"作战模式

任正非曾经说过："活下去才是硬道理。"在极其困难的情况下，为了活下去，华为开启了"军团"作战模式。通过"军团"作战，打破现有组织边界，快速集结资源，穿插作战，提升效率，做深做透一个领域，争取更加丰硕战果。

2021年10月29日，华为在松山湖园区举行军团组建成立大会，任正非给煤矿军团、智慧公路军团、海关和港口军团、智能光伏军团和数据中心能源军团的300余名将士壮行。各军团集结完毕后接受公司领导的授旗，整装待发。在华为发展的关键时期，上述军团将担负起冲锋突围的重任。

任正非在五大军团组建大会上讲道："和平是打出来的！我们要用艰苦奋斗、英勇牺牲，打出一个未来30年的和平环境，让任何人都不敢再欺负我们。我们在为自己，也在为国家舍命！日月同光，凤凰涅槃，人天共仰！历史会记住你们的，等我们同饮庆功酒那一天，于无声处听惊雷！"

在华为五个军团集结完毕后，在场华为高管和员工们一同唱起了《毕业歌》，最后，大家高呼：华为必胜！必胜！必胜！

华为五个军团和华为三大业务运营商BG、企业BG、消费者BG等属于同一个战略级别，具有很大的独立性，而且这五个军团组织由任正非亲自制定并督导。

华为成立"军团"并不是最近才发生的事。2021年4月，华为就悄然成立了煤炭军团；10月，华为正式成立数据中心能源军团、智能光伏军团、海关和港口军团、智慧公路军团。这五个军团的一把手都通过内部公开竞聘产生。这样的改革措施，也是华为处在如今困难环境下一个勇敢的探索。

从2021年上半年财报中可以看出，华为的业绩已经在一定程度上受到美国恶意制裁的影响。上半年，华为实现销售收入3204亿元，与2020年的4540亿元同比下降29.4%；前三季度，华为销售收入为4558亿元，比2020年的6713亿元下滑32.1%。随着时间推移，业绩下滑幅度在逐渐加大。

那么，华为五个军团和华为本身的BG又有何区别呢？

华为新组建的五个军团类似于战争中为了特定战役目标而组建的方面军或军事集团，也类似于政府经常组建的"专班"，有利于统一指挥和协同作战，具有很大独立性。

按照任正非此前接受媒体米访时的说法，"军团"模式是从谷歌那里学到的，就是把基础研究的科学家、技术专家、产品专家、工程专家、销售专家、交付与服务专家都汇聚在一个部门，缩短了产品进步的周期。把业务实行颗粒化，这是"军团"模式，在华为，煤炭是第一个采用军团模式的。

与"军团"相反的模式，称为"反军团模式"，就是研究、工程、产品、销售、交付各自成独立部门，每项业务的推进都需要不断进行跨部门来协作。

两种模式各有利弊，简单来说，"军团"模式对员工的要求很高，必须有足够的人才储备，类似于今天网络上所说的"六边形战士"，优点在于效率高、运转灵活；缺点在于时间长了会"各自为政"，或许会导致重营收而轻研发。而"反军团模式"的优点在于"术业有专攻"；缺点是效率较低，时间和人力成本高昂。

未来，华为将集中各个BG的精兵强将，打破边界，打通资源，形成纵向能力，对重点行业进行突破，并创造新的增长引擎。

任正非认为："我们要想让美国把华为从实体清单清除是极其困难的。但是，基本上我们不去考虑这个问题，而是踏踏实实把能做的产品与服务做好，让一部分客户相信我们。我们欢迎科学家，养得起天才，现在我们只想自己多努力，努力寻找能生存下来的机会。煤炭就是机会，这么多煤炭将来产生上千亿价值，上千亿可以养活多少人呀。"

在任正非看来，煤炭也许会成为华为很重要的一个业务增长点。华为可以通过ICT技术与煤炭开采技术的结合，帮助煤炭行业进行数字化、智能化转型，实现"安全、少人无人、高效"的生产模式，也让煤矿工人以后工作可以"穿西装打领带"。煤炭军团成立之后，华为复制"军团"模式进入四个领域数字化。

2021年2月9日，山西省人民政府、华为技术有限公司、晋能控股集团有限公司、山西云时代技术有限公司等单位联合成立"智能矿山创新实验室"，同时打造煤矿领域的创新实验室，聚合生态、赋能产业，推进煤炭行业转型升级，促进煤炭工业高质量发展。

从这五个军团的名字中可以看出，华为的业务领域在不断拓展，这里的拓展不是指华为要直接从事其他领域的垂直业务，而是将自身的5G、云、人工智能等技术应用于能源、光伏、公路等行业和场景。

2021年9月，任正非在与华为科研人员的创新座谈会上就曾指出，从现实的商业角度来看，华为要聚焦在5G+人工智能的行业应用上，要组成港口、机场、逆变器、数据中心能源、煤炭等军团，准备冲锋。

"华为选择了五个最具有市场价值和自身能力匹配度高的领域作为转型发展的突破口，集中前后端资源开展一体化影响，是其多年来销售攻坚'狼性文化'的一贯作风。"马继华说，这几大军团的方向都是5G和人工智能最具有实用价值和易开发的部分，大部分和新基建有关，可以充分发挥华为固有的研发生产能力。

以煤炭为例，首先国家在政策上是支持的。2020年3月，国家发展改革委、国家能源局等八部门联合印发《关于加快煤矿智能化发展的指导意见》，全面启动煤炭行业新基建，进一步明确强调在矿山行业把5G、人工智能等新一代信息技术推进，助力矿山行业转型升级。

2020年9月14日，国家能源集团和华为共同发布"矿鸿操作系统"，这是鸿蒙面向煤矿产业推出的物联网操作系统。双方欲通过矿鸿，来助力煤矿产业的智能化、数字化转型，而首家应用的企业是神东煤炭集团，它是国家能源集团骨干煤炭生产企业，是我国产能超过2亿吨煤炭生产基地。

华为煤炭军团董事长邹志磊表示，智能矿山建设本质是工业体系架构变革，唯有建设统一架构的工业互联网平台才能彻底解决问题。要实现智能矿山，就是要构筑数字世界里面的矿山数字孪生。华为智能矿山解决方案，采用分层解耦架构、基于华为云及"矿鸿"生态，能使煤矿智能化。

"矿鸿"构建矿山统一接口、统一数据格式的底座，为矿山智能化奠定基础。

值得注意的是，这也是华为鸿蒙操作系统首次从ToC 领域扩展到了ToB 领域，在工业领域进行B端商业化试水。对于鸿蒙新能而言，这是拓展生态中非常关键的一步。

2021年2月，华为与晋能控股集团有限公司、山西云时代技术有限公司等签署战略合作协议，联合成立的"智能矿山创新实验室"在山西太原揭牌。4月，华为即成立煤炭军团。

任正非表示，华为把ICT应用到矿山中，最主要的是帮助煤炭实现智能化。他举例说，目前山西的井下瓦斯预警防爆系统做得很好，但是要用4根线连接，其中有2根电源线、2根信号线，当华为技术应用到井下后，瓦斯传感器就不再需要线了，向上传输用无线电，不仅在坑道里可以随意布置，而且可以随着矿机任意前进，不需要因为布线导致矿机的采掘移动进展变慢，从而提高产出能力。

同理，华为可以继续将自己的技术应用到其他非煤矿山，以及其他非能源领域。

任正非在讲话中还提到："有几个天才少年加入了煤炭军团，反向使用5G，使井下信息更高清、更全面。"

华为的第一个军团诞生自能源领域，其数据中心能源军团、智能光伏军团也属于该领域。资料显示，华为"智能光伏"解决方案覆盖了发电侧与用电侧。

在发电侧，华为将云、人工智能等技术与光伏深度融合，打造"高效发电、智能营维、安全可靠、电网友好"的智能光伏电站。而在用电侧，华为针对企业、家庭场景均有解决方案。

在数据中心能源方面，华为通过"重构架构、重构供电、重构温控、重构营维"，打造极简、绿色、智能、安全的数据中心。

按照任正非的战略布局，华为海关和港口军团、智慧公路军团则来自交通领域。其智慧港口解决方案包含"自动化码头""智能港口"等方案，智慧公路解决方案则包含"高速一张图""智慧公路非现场治超网络"等方案。近两年来，华为饱受打压，其连接企业的意愿也变得更为迫切。

目前，华为的战场已经涉足的行业有数字政府、智慧园区、能源、交通、金融、制造、互联网、教育、医疗、零售等十几个。继续细分，数字政府领域又有智慧城市、政务、水务、应急、气象、供热、福彩、国土、税务、海关等，交通又有机场、城轨、铁路、公路、物流、港口等，确实"无所不及"。这些都是优势，是华为以企业业务打破局面的基础，是凤凰涅槃、重回王位的突围。

组建"军团"在华为似乎已成一种文化。2019年，余承东曾组织过一次消费者BG"军团作战"誓师大会，立下3年1000亿美元、5年1500亿美元的目标。另外，对当前正快速发展的鸿蒙、欧拉等，华为内部都有组织"松湖会战""欧拉会战"等。

此前，任正非曾对媒体采访表示，未来30年，我国在智慧农业、智慧乡村、智慧交通、智慧社区、智慧城市、智慧医疗、智慧工业等多个行业，存在巨大的数字化转型升级机会。

值得一提的是，2021年10月18日，华为宣布成功签约了大型储能项目——沙特红海新城储能项目，规模达1300MWh。对于华为而言，拿下这个重大项目，意味着，持续布局的储能赛道终于实现了实质性突破，开启了万亿级市场。

所谓"储能"，就是将能量储存起来以便以后需要时利用的技术。一般来说，当前的储能技术可以分为两大板块：一个是物理储能，主要包括抽水蓄能、压缩空气储能和飞轮储能等方式；另一个是电化学储能，也就是我们通常熟知的电池储能方式。

目前，全球已有137个国家承诺了"碳中和"目标。华为认为，这将是一场史无前例的全球大规模合作行动，同时也将催生可再生能源与绿色基础设施领域的广泛投资机会。当前，储能产业正从试点示范步入规模化建设阶段。

如果要切入一个产业，首先，这个产业应该是个大产业，其次，该产业对智能化的要求比较高、比较迫切，需要通过智能化来构建自身的能力，那么这对华为来说就是比较好的商业切入点。另外，华为面向行业、面向企业的能力比较强，也会在这些领域寻找切入点，让华为有质量地活下去。

让打胜仗的思想成为一种信仰

华为能有今日的成就，与任正非从军的经历是不可分割的。任正非身上带有军人情结，他不仅在华为推行军事化管理，还要求华为干部向军队学习，将华为的团队打造成像军队一样具有高凝聚力、执行力、战斗力的团队。

2020年8月，任正非在新员工座谈会上引用美军前参谋长联席会议主席马丁·邓普西的话，"要让打胜仗的思想成为一种信仰，没有退路就是胜利之路"。这句话任正非也曾在内部讲话中数次引用。

任正非强调指出："华为也别无选择，只有义无反顾。我们坚持自强与国际合作来解决目前的困境。但是，我们有信心、有决心活下来。我们不要因美国一时打压我们而沮丧，放弃全球化的战略。我不赞成片面地提自主创新，只有在那些非引领性、非前沿领域中，自力更生才是可能的；在引领性的前沿领域尖端技术上，是没有被人验证的领域，根本不知道努力的方向，没有全球共同的努力是不行的。"

军人出身的任正非，其管理思想的源头正是来源于军旅经历。在某内部场合，任正非曾坦承，20世纪80年代，《解放军报》刊发的一组关于西点军校的报道曾给予他很大的影响和启发。

任正非认为，名将辈出并不是西点军校最为人称道的地方，西点军校真正的骄傲在于，它不仅能培养出将军，而且其毕业生在离开军队之后，同样能成为社会各界的精英，尤其在企业管理领域。

为什么要向军队学习？

任正非认为，"军队是企业家最好的老师。军队是具有高效率、强执行力的组织，有很多值得企业学习的地方。世界上最优秀的管理在军队"。

1998年，任正非向华为培训中心推荐的书就是美国西点军校退役上校所写的《西点军校领导魂》，书中主要介绍西点军校如何培养军队的领导者。任正非还特别将道格拉斯·麦克阿瑟将军要求西点军人始终坚持的三大信念"责任、荣誉、国家"改为"责任、荣誉、事业、国家"，以此作为华为新员工必须永远铭记的誓言。任正非经常精神振奋地和员工谈论解放战争中的三大战役、抗美援朝，对他来说，商战不过是自己与命运斗争历程的继续。

任正非说："要想让企业像军队一样高效，就需要对企业进行军事化管理。"他借用现代美军组织运行机制与管理模式，不断优化华为的组织与流程，使华为的组织变得更"轻"、更具综合作战能力。任正非认为军队是最具变革精神和最具战斗力的组织。

2015年11月29日，任正非亲临现场与数千名华为高管聆听了金一南将军的两场讲座。任正非为金一南的文章《胜利的刀锋——论军人的灵魂与血性》专门撰写编者按："军人的责任就是夺取胜利，牺牲只是一种精神。华为的干部和员工不仅要拥有奋斗精神，更要把这种精神落实到脚踏实地的学习中与技能提升上，在实际工作中体现出效率和效益来。"

此外，任正非还借鉴现代军队组织的运行机制与文化，给知识型员工注入军人的灵魂与血性，提升员工战斗力与执行力。

任何一个企业的文化特性都与其创始人的价值取向和行为风格密切相

关，任正非是"军人+知识分子"出身，因此，华为文化的基因带有军人的"灵魂"和知识分子的个性。华为文化的本质是军队文化与校园文化的完美结合，这种"军队+校园"的混合式文化，既符合知识分子的个性，又给知识分子注入了军人的"灵魂"与血性，从而提升了知识型员工的价值创造战斗力与执行力。

军队与企业最大的相同之处，在于"活下来"和"活得强大"是两者共同的底线追求。市场竞争之惨烈、之多变，一点不亚于刀光剑影的战场。企业家与军事领导者所面临的共同挑战永远是"不确定性"，这就从根本上决定了他们的角色与使命——经营和管理风险。企业和军队的另一个共同点是：必须不断打胜仗，只有不断打胜仗，才能持续活下去并活得有质量。

打胜仗的团队必须有一套锋利如刃的策略——"红队策略"。这是针对人性和组织的常见缺陷而设计的一种"唱反调文化""唱反调机制""唱反调技术"。在组织中构建"红队策略"是一个相当困难的领导力工程，但缺失了这样的策略，组织必将付出沉重的代价。

近年来，一场突如其来的疫情，让世界政治经济格局产生了深刻影响，活下来的企业取得了胜利，但未来也还有诸多不确定性。这时，"打胜仗"真的成了一场没有退路的战役。

华为管理顾问田涛在《打胜仗：常胜团队的成功密码》一书中写道："在人类的各类组织中，企业与军队在组织方面的共通性最多，企业与军队的共同点之一是必须不断打胜仗。"

对于企业家来讲，商场如战场，而军队历来是企业最好的老师。华为在发展的30多年中，经历了大大小小的"战争"，尤其是2020年，面对美国等国的恶意制裁，华为承受住了巨大压力，再一次打了一场大胜仗。可以说，"打胜仗"的思维已经融入了华为的方方面面。

任正非能够率领近20万华为人不断打胜仗，还有一个非常重要的原因，那就是始终强调向美国学习。面对美国对华为实施极限制裁和封锁，任正非多次对华为员工强调："向美国学习的精神，并没有因为美国打击我们而改变。要始终虚心向美国学习，向一切先进学习。"

笔者记得有位军事家说过："最值得尊重和学习的恰恰是你的对手。尊重对手，向对手学习，才能够迎接对手的挑战，才能够超越对手。"

"面对巨大外部压力和挑战，华为宁可向前一步死，绝不退后半步生。要让打胜仗的思想成为一种信仰，没有退路就是胜利之路。"这是华为的开放精神，这是华为的博大胸怀，这是华为的勇者气度，这是华为的强者自信，这是华为的属性保障！我们有理由坚信，华为一定会打赢这场不见硝烟的战争，并在生死存亡的关键时刻创造新奇迹。

后记

《商业思想家任正非》这本书是我继出版《华为还能走多远》《用好人，分好钱：华为知识型员工管理之道》《任正非：成就员工就是最好的人性管理》《任正非和华为：非常人非常道》《没有退路就是胜利之路：任正非讲的100个故事》"华为管理六部曲"收官之作，也是我潜心研究华为23年以来所取得的又一项成果，倾注了我很多的心血。前五本书出版后受到了广大读者的一致好评并获得多个奖项。

其中，《华为还能走多远》入选"2013年京东年度畅销书榜"；《任正非和华为：非常人非常道》入选"中国全民阅读百佳书单"和央视"推荐25本财经经典图书"；《用好人，分好钱：华为知识型员工管理之道》入选"当当2019年度好书"、"京东最佳人力资源管理图书"、电子出版社"2019年优秀图书"；《任正非：成就员工就是最好的人性管理》入选《中国新闻出版广电报》"2020年50本优秀畅销图书"；《没有退路就是胜利之路：任正非讲的100个故事》入选"2021年十大中国商业传记"，相信《商业思想家任正非》这本书同样会受到读者的欢迎。

在本书的出版之际，我要感谢著名企业家、日本京瓷创始人稻盛和夫，福耀玻璃工业集团股份有限公司创始人、董事长曹德旺，著名管理学家、中国人民大学教授、《华为基本法》起草人之一、华夏基石董事长彭剑锋，北京大学社会学博士、锡恩咨询董事长姜汝祥，著名媒体人、美国《时代周刊》主编爱德华·费尔森塔尔，商界杂志社社长、创始人刘旗辉先生倾情推荐本书！

这本书能够顺利出版，得益于中国工信出版集团电子工业出版社有限公司领导的大力支持。经管分社社长、北京世纪波文化发展有限公司总经理付豫波、副总经理兼总编辑晋晶在审阅书稿后欣然决定出版本书，并将本书列为公司年度重点书目，精心策划，为本书出版付出了辛勤的劳动。我的老朋友、电子工业出版社副总编辑刘声峰为本书的出版提出了很好的建议。我在此向他们表示衷心感谢！

由于本人水平有限，对任总的管理思想的解读不一定正确，书中可能存有误解和偏见，敬请任总和读者谅解、包涵和指正！欢迎您对本书提出宝贵意见或建议，在此先行表示感谢！我的电子邮箱是ysh5198@163.com，也可以关注我的自媒体"余胜海杂谈"和我的快手、微信短视频，期待与您交流！

余胜海

2022-01-08

反侵权盗版声明

电子工业出版社依法对本作品享有专有出版权。任何未经权利人书面许可，复制、销售或通过信息网络传播本作品的行为；歪曲、篡改、剽窃本作品的行为，均违反《中华人民共和国著作权法》，其行为人应承担相应的民事责任和行政责任，构成犯罪的，将被依法追究刑事责任。

为了维护市场秩序，保护权利人的合法权益，我社将依法查处和打击侵权盗版的单位和个人。欢迎社会各界人士积极举报侵权盗版行为，本社将奖励举报有功人员，并保证举报人的信息不被泄露。

举报电话：（010）88254396；（010）88258888

传　　真：（010）88254397

E-mail：　dbqq@phei.com.cn

通信地址：北京市万寿路 173 信箱

　　　　　电子工业出版社总编办公室

邮　　编：100036